澹然空水对斜晖
曲岛苍茫接翠微

冷香书魂梦苍茫

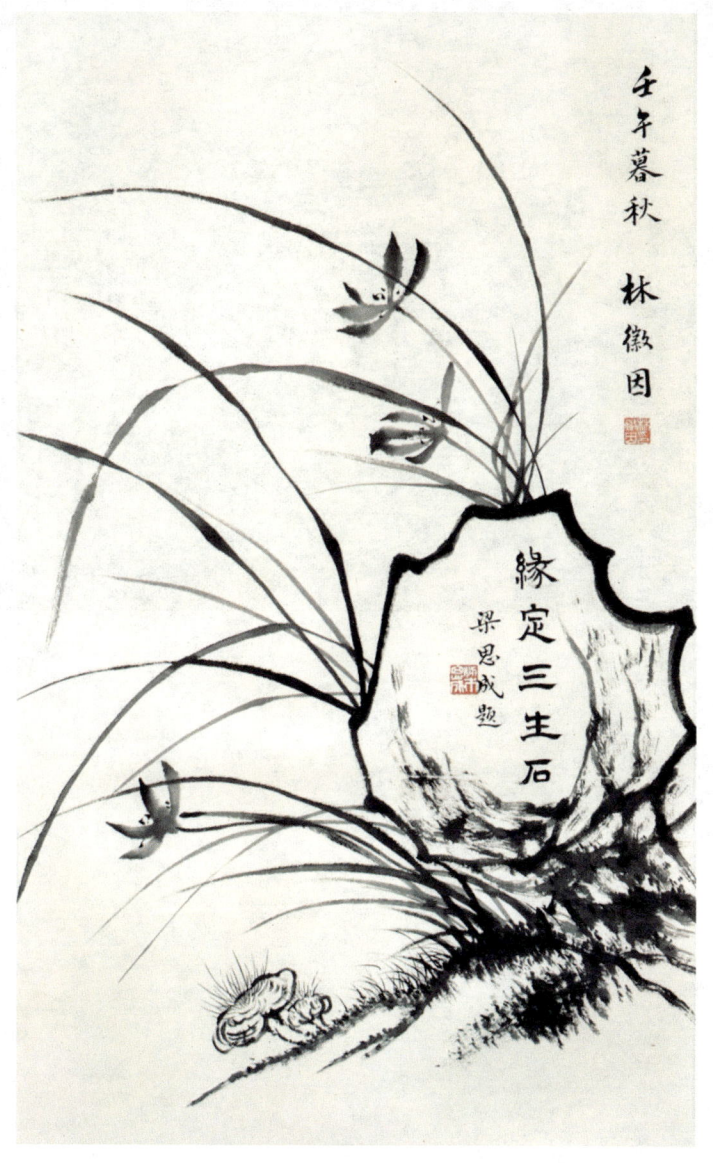

缘定三生石

公园一角

佛光普照

当砌枝翻露
凭阑香近人

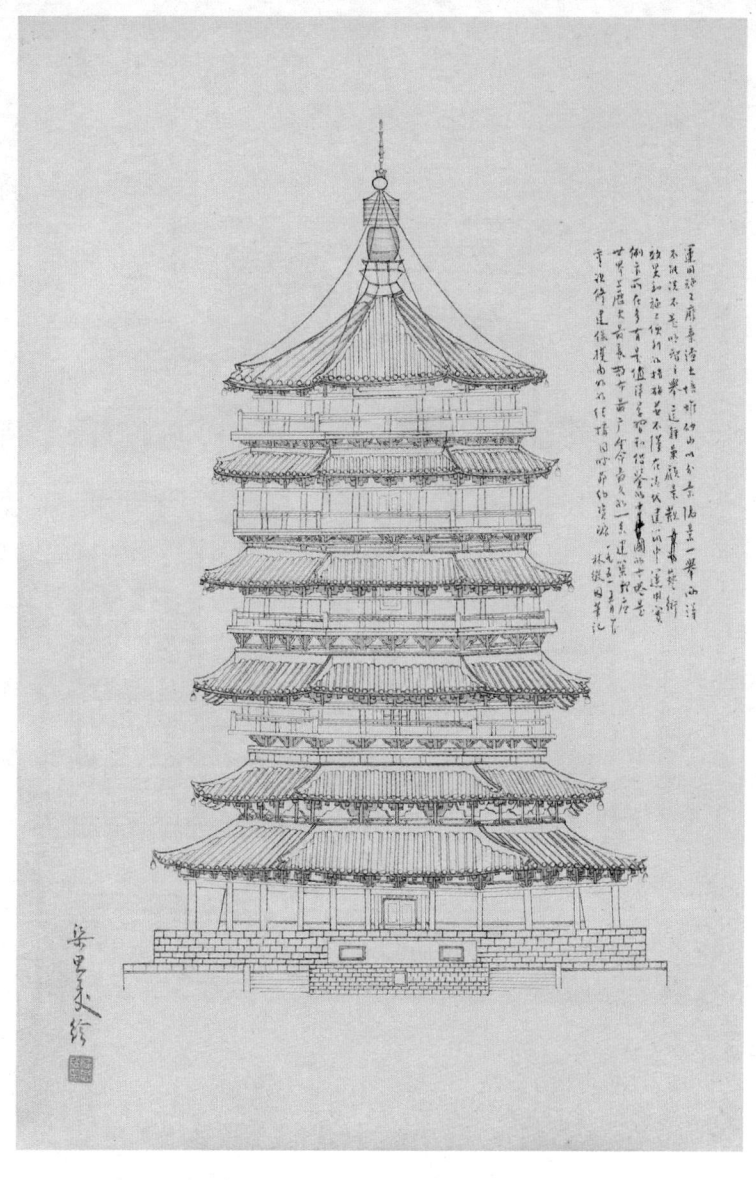

中国的古塔是世界上历史最长、散布最广、
生命最久的一系建筑

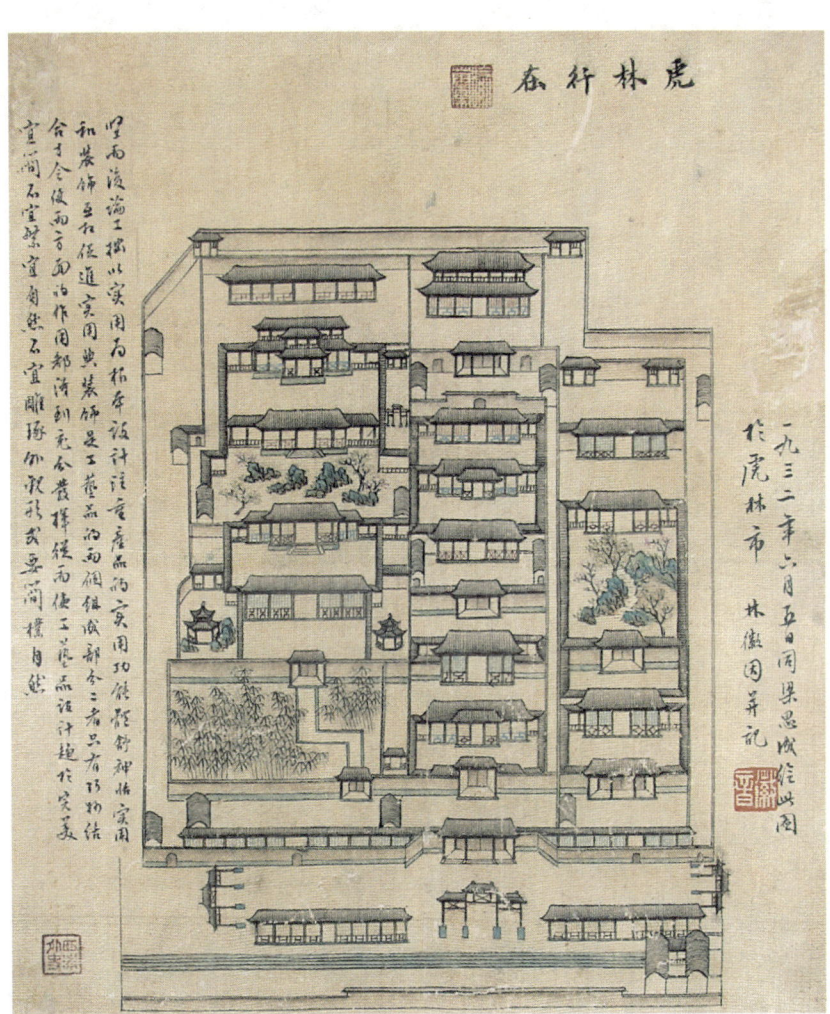

虎林行在

长清灵岩寺慧崇塔

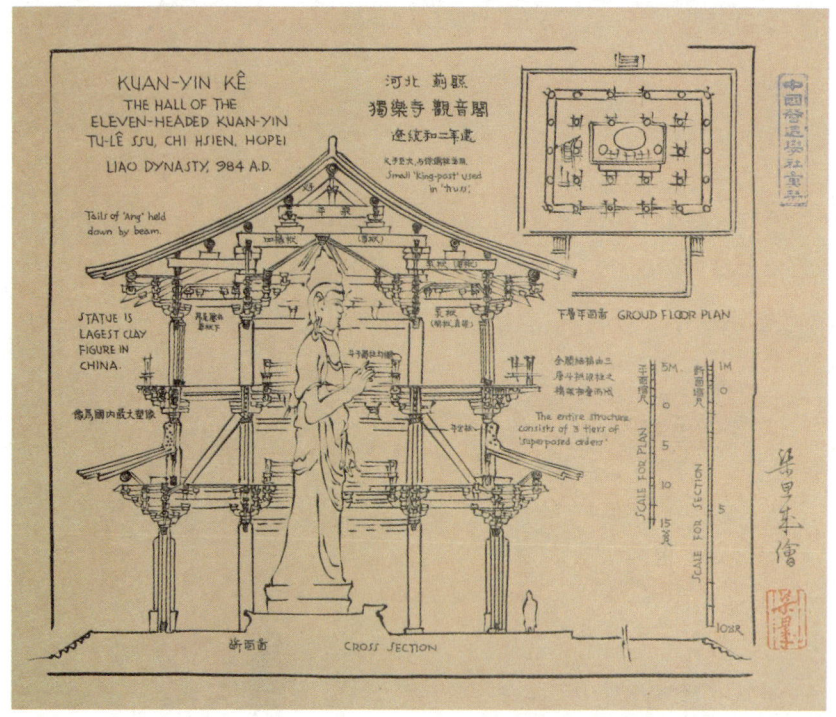

河北蓟县独乐寺观音阁

1916年,少年林徽因于北京

1920年,林徽因于英国伦敦

1920年,林徽因于英国伦敦

初入清华学校的梁思成　　　　1923年，梁思成用相机自拍照

清华学校美术社成员与教师们合影（后排右五为梁思成）

1928年3月,林徽因与梁思成新婚燕尔照

1928年,梁思成与林徽因在渥太华的中国驻加拿大总领事馆举行婚礼。此为林徽因穿着自己设计的礼服与梁思成合影

1928年,梁思成和林徽因乘船从美国前往欧洲

1931年，林徽因、梁思成加入中国营造学社后于北平合影

1934年春，梁思成（左一）、林徽因（右三）夫妇带领南下的东北大学学生考察蓟县独乐寺

1933年，林徽因于河北正定开元寺

1935年,林徽因于北总布胡同三号家中

1935年前后,梁思成于北总布胡同三号家中

1942年,林徽因(中)在病榻上与梁思成(右一)、梁从诫(右四)、梁再冰(右二)等合影

1949年，梁思成（后左二）、林徽因（前中）送梁再冰（前左一）参军前于北平合影

1949年3月，梁思成、林徽因送女儿梁再冰参军南下前

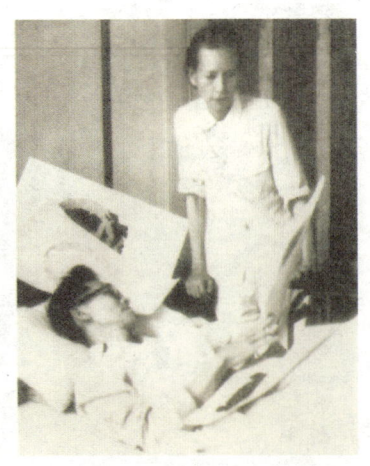

1950年，梁思成、林徽因设计中华人民共和国国徽

我用一生来回答

梁思成 林徽因 诗文集

梁思成 林徽因 著

 开明出版社

图书在版编目（CIP）数据

我用一生来回答：梁思成林徽因诗文集 / 梁思成，林徽因著 . —北京：开明出版社，2023.3

ISBN 978-7-5131-7726-9

Ⅰ . ①我… Ⅱ . ①梁… ②林… Ⅲ . ①梁思成（1901-1972）—文集 ②林徽因（1904-1955）—文集 ③建筑学—文集 ④中国文学—现代文学—作品综合集 Ⅳ . ① Z427

中国版本图书馆 CIP 数据核字（2022）第 182451 号

责任编辑：卓　玥

书　　名：我用一生来回答：梁思成林徽因诗文集
出 版 人：陈滨滨
著　　者：梁思成　林徽因
出 版 社：开明出版社（北京市海淀区西三环北路25号青政大厦6层）
印　　刷：保定市中画美凯印刷有限公司
开　　本：880mm×1230mm 1/32
印　　张：10插页8
字　　数：164千字
版　　次：2023年3月第1版
印　　次：2023年3月第1次印刷
定　　价：49.80元

印刷、装订质量问题，出版社负责调换。联系电话：（010）88817647

目录

第一章

一个民族或文化体系的建筑，如同语言一样，是有它自己的特殊的"文法"与"语汇"的。它们一旦形成，则成为被大家所接受遵守的方法的纲领。在语言中如此，在建筑中也如此。

我国伟大的建筑传统与遗产　003

闲话文物建筑的重修与维护　023

关于北京城墙存废问题的讨论　039

千篇一律与千变万化　049

谈"博"而"精"　055

第二章

无论哪一个巍峨的古城楼，或一角倾颓的殿基的灵魂里，无形中都在诉说，乃至于歌唱，时间上漫不可信的变迁；由温雅的儿女佳话，到流血成渠的杀戮。

平郊建筑杂录　061

平郊建筑杂录（续）　074

晋汾古建筑预查纪略　090

第三章

如果我们到了连祖宗传留下的家产都没有能力清理，或保护；乃至于让家里的至宝毁坏散失，或竟拿到旧货摊上变卖；这现象却又恰恰证明我们这做子孙的没有出息，智力德行已经都到了不能再堕落的田地。

芬奇——具有伟大远见的建筑工程师 149

我们的首都 158

闲谈关于古代建筑的一点消息（附梁思成君通讯四则） 187

第四章

我们怀疑或许就是人身上那一撮精神同机体的感觉，生理心理所共起的情感，所激发出的一串行为，所聚敛的一点智慧——那么一点点人之所以为人的表现。宇宙万物客观的本无所可珍惜，反映在人性上的山川草木禽兽才开始有了秀丽，有了气质，有了灵犀。

悼志摩 199

山西通信 210

窗子以外 214

纪念志摩去世四周年 225

究竟怎么一回事 234

彼此 241

一片阳光 248

蛛丝和梅花 254

九十九度中 259

第五章

生命早描定她的式样，太薄弱
是人们的美丽的想象。
除非在梦里有这么一天，你和我
同来攀动那根希望的弦。

你是人间的四月天——一句爱的赞颂 289

"谁爱这不息的变幻" 291

深夜里听到乐声 292

别丢掉 294

红叶里的信念 296

哭三弟恒 302

那一晚 306

仍然 308

深笑 309

秋天，这秋天 311

第一章

我们家乡的一角城楼,几处院落,

一座牌坊,一条街市,一列店铺,

以及我们近郊的桥,山前的塔,

村中的古坟石碑,村里的短墙与三五茅屋,

对于我们都是那么可爱,那么有意义的。

它们都曾丰富过我们的生活和思想,

成为与我们不可分离的情感的内容。

我国伟大的建筑传统与遗产

梁思成

世界上最古老，最长寿，最有新生力的建筑体系

历史上每一个民族的文化都产生了它自己的建筑，随着这文化而兴盛衰亡。世界上现存的文化中，除去我们的邻邦印度的文化可算是约略同时诞生的弟兄外，中华民族的文化是最古老、最长寿的。我们的建筑也同样是最古老、最长寿的体系。在历史上，其他与中华文化约略同时，或先或后形成的文化，如埃及、巴比伦，稍后一点的古波斯、古希腊，及更晚的古罗马，都已成为历史陈迹。而我们的中华文化则血脉相承，蓬勃地滋长发展，四千余年，一气呵成。到了今天，我们所承继的是一份极丰富的遗产，而我们的新生力量正在发育兴盛。我们在这文化建设高潮的前夕，好好再认识一下这伟大光辉的建筑传统是必要的。

我们自古以来就不断地建造，起初是为了解决我们的住宿、工作、休息与行路所需要的空间，解决风雨寒暑对

我们的压迫；便利我们日常生活和生产劳动。但在有了高度文化的时代，建筑便担任了精神上，物质上更多方面的任务。我们祖国的人民是在我们自己所创造出来的建筑环境里生长起来的。我们会意识地或潜意识地爱我们建筑的传统型类以及它们和我们数千年来生活相结合的社会意义，如我们的街市、民居、村镇、院落、市楼、桥梁、庙宇、寺塔、城垣、钟楼等等都是。我们也会意识地或直觉地爱我们的建筑客观上的造形艺术价值；如它们的壮丽或它们的朴实，它们的工艺与大胆的结构，或它们的亲切部署与简单的秩序。它们是我们民族经过代代相承，在劳动的实践中和实际使用相结合而成熟，而提高的传统。它是一个伟大民族的工匠和人民在生活实践中集体的创造。

因此，我们家乡的一角城楼，几处院落，一座牌坊，一条街市，一列店铺，以及我们近郊的桥，山前的塔，村中的古坟石碑，村里的短墙与三五茅屋，对于我们都是那么可爱，那么有意义的。它们都曾丰富过我们的生活和思想，成为与我们不可分离的情感的内容。

我们中华民族的人民从古以来就不断地热爱着我们的建筑。历代的文章诗赋和歌谣小说里都不断有精彩的叙述与描写，表示建筑的美丽或它同我们生活的密切。有许多不朽的文学作品更是特地为了颂扬或纪念我们建筑的伟大而作的。

最近在"解放了的中国"的镜头中，就有许多令人肃然起敬，令人骄傲，令人看着就愉快的建筑，那样光辉灿烂地同我国伟大的天然环境结合在一起，代表着我们的历史，我们的艺术，我们祖国光荣的文化。我们热爱我们的祖国，我们就不可能不被它们所激动，所启发，所鼓励。

但我们光是盲目地爱我们的文化传统与遗产，还是不够的。我们还要进一步地认识它。我们的许多伟大的匠工在被压迫的时代里，名字已不被人记着，结构工程也不详于文字记载。我们现在必须搞清楚我们建筑在工程和艺术方面的成就，它的发展，它的优点与成功的原因，来丰富我们对祖国文化的认识。我们更要懂得怎样去重视和爱护我们建筑的优良传统，以促进我们今后承继中国血统的新创造。

我们祖先的穴居

我们伟大的祖先在中华文化初放曙光的时代是"穴居"的。他们利用地形和土质的隔热性能，开出洞穴作为居住的地方。这方法,就在后来文化进步过程中也没有完全舍弃,而且不断地加以改进。从考古家所发现的周口店山洞,安阳的袋形穴……到今天华北、西北都还普遍的窑洞,都是进步到不同水平的穴居的实例。砖筑的窑洞已是很成熟的建筑工程。

我们的祖先创造了骨架结构法——一个伟大的传统

在地形、地质和气候都比较不适宜于穴居的地方,我们智慧的祖先很早就利用天然材料——主要的是木料,土与石——稍微加工制作,构成了最早的房屋。这种结构的基本原则,至迟在公元前一千四五百年间大概就形成了的,一直到今天还沿用着。《诗经》《易经》都同样提到这样的屋子,它们起了遮蔽风雨的作用。古文字流露出前人对于屋顶像鸟翼开展的形状特别表示满意,以"作庙翼翼""如鸟斯革,如翚斯飞"等句子来形容屋顶的美。一直到后来的"飞甍""飞檐"的说法也都指示着瓦部"翼翼"的印象,使我们有"瞻栋宇而兴慕"之慨。其次,早期文字里提到的很多都是木构部分,大部都是为了承托梁栋和屋顶的结构。

这个骨架结构大致说来就是:先在地上筑土为台;台

上安石础，立木柱；柱上安置梁架，梁架和梁架之间以枋将它们牵联，上面架檩，檩上安椽，作成一个骨架，如动物之有骨架一样，以承托上面的重量。在这构架之上，主要的重量是屋顶与瓦檐，有时也加增上层的楼板和栏杆。柱与柱之间则依照实际的需要，安装门窗。屋上部的重量完全由骨架担负，墙壁只作间隔之用。这样使门窗绝对自由，大小有无，都可以灵活处理。所以同样的立这样一个骨架，可以使它四面开敞，做成凉亭之类，也可以垒砌墙壁作为掩蔽周密的仓库之类。而寻常房屋厅堂的门窗墙壁及内部的间隔等，则都可以按其特殊需要而定。

从安阳发掘出来的殷墟坟宫遗址，一直到今天的天安门、太和殿，以及千千万万的庙宇民居农舍，基本上都是用这种骨架结构方法的。因为这样的结构方法能灵活适应于各种用途，所以南至越南，北至黑龙江，西至新疆，东至朝鲜、日本，凡是中华文化所及的地区，在极端不同的气候之下，这种建筑系统都能满足每个地方人民的各种不同的需要。这骨架结构的方法实为中国将来的采用钢架或钢筋混凝土的建筑具备了适当的基础和有利条件。我们知道，欧洲古典系统的建筑是采取垒石制度的。墙的安全限制了窗的面积，窗的宽大会削弱了负重墙的坚固。到了应用钢架和钢筋混凝土时，这个基本矛盾才告统一，开窗的困难才彻底克服了。我们建筑上历来窗的部分与位置同近代所需要的相同，就是因为骨架结构早就有了灵活的条件。

中国建筑制定了自己特有的"文法"

一个民族或文化体系的建筑，如同语言一样，是有它自己的特殊的"文法"与"语汇"的。它们一旦形成，则成为被大家所接受遵守的方法的纲领。在语言中如此，在建筑中也如此。中国建筑的"文法"和"语汇"据不成熟的研究，是经由这样酝酿发展而形成的。

我们的祖先在选择了木料之后逐渐了解木料的特长，创始了骨架结构初步方法——中国系统的"梁架"。在这以后，经验使他们也发现了木料性能上的弱点。那就是当水平的梁枋将重量转移到垂直的立柱时，在交接的地方会发生极强的剪力，那里梁就容易折断。于是他们就使用一种缓冲的结构来纠正这种可以避免的危险。他们用许多斗形木块的"斗"和臂形的短木"拱"，在柱头上重而上，愈上一层的拱就愈长，将上面梁枋托住，把它们重量一层层递减地集中到柱头上来。这个梁柱间过渡部分的结构减少了剪力，消除了梁折断的危机。这种斗和拱组合而成的组合物，近代叫做"斗拱"。见于古文字中的，如栌，如栾等等，我们虽不能完全指出它们是斗拱初期的那一型类，但由描写的专词与句子，和古铜器上图画看来，这种结构组合的方法早就大体成立。所以说是一种"文法"。而斗、拱、梁、枋、椽、檩、楹柱、棂窗等，也就是我们主要的"语汇"了。

至迟在春秋时代，斗拱已很普遍地应用，它不唯可以承托梁枋，而且可以承托出檐，可以增加檐向外挑出的宽度。孟子里就有"榱题数尺"之句，意思说檐头出去之远。这种结构同时也成为梁间檐下极美的装饰，由于古文不断地将它描写看来，也是没有问题的。唐以前宝物，以汉代石阙，与崖墓上石刻的木构部分为最可靠的研究资料。唐时木建还有保存到今天的，但主要的还要借图画上的形象。可能在唐以前，斗拱本身各部已有标准化的比例尺度，但要到宋代，我们才确实知道斗拱结构各种标准的规定。

全座建筑物中无数构成材料的比例尺度就都以一个拱的宽度作度量单位，以它的倍数或分数来计算的。宋时且把每一构材的做法，把天然材料修整加工到什么程度的曲线，榫卯如何衔接等都规格化了，形成类似文法的规矩。

至于在实物上运用起来,却是千变万化,少见有两个相同的结构。惊心动魄的例子,如蓟县独乐寺观音阁三层大阁,和高二十丈的应州木塔的结构,都是近于一千年的木构,当在下文建筑遗物中叙述。

在这"文法"中各种"语汇"因时代而改变,"文法"亦略更动了,因而决定了各时代的特征。但在基本上,中国建筑同中国语言文字一样,是血脉相承,赓续演变,反映各种影响及所吸取养料,从没有中断过的。

内部斗拱梁架和檐柱上部斗拱组织是中国建筑工程的精华。由观察分析它们的作用和变化,才真真认识我们祖先在掌握材料的性能,结构的功能上有多么伟大的成绩。至于建造简单的民居,劳动人民多会立柱上梁;技术由于规格化的简便更为普遍。梁架和斗拱都是中国建筑所独具的特征,在工匠的术书中将这部分称它做"大木作做法"。

中国建筑的"文法"中还包括着关于砖石、墙壁、门窗、油饰、屋瓦等方面,称作"石作做法""小木作做法""彩画作做法"和"瓦作做法"等。屋顶属于"瓦作做法",它是中国建筑中最显著,最重要,庄严无比美丽无比的一部分。但瓦坡的曲面,翼状翘起的檐角,檐前部的"飞椽"和承托出檐的斗拱,给予中国建筑以特殊风格,和无可比拟的杰出姿态的，都是内中木构所使然，是我们木工的绝大功绩。因为坡的曲面和檐的曲线，都是由于结构中的"举架法"的逐渐垒进升高而成，不是由于矫揉造作，或歪曲木料而来。盖顶的瓦，每一种都有它的任务，有一些是结构上必需部分而略加处理，便同时成为优美的瓦饰。如瓦脊、脊吻、垂脊、脊兽等。

油饰本是为保护木材而用的。在这方面中国工匠充分地表现出创造性。他们敢于使用各种颜色在梁枋上作妍丽繁复的彩绘，但主要的却用属于青绿系统的"冷色"而以金为点缀，所谓"青绿点金"，各种格式。柱和门窗则限制到只用纯色的朱红或黑色的漆料，这样建筑物直接受光面同檐下阴影中彩绘斑斓的梁枋斗拱更多了反衬的作用，加强了檐下的艺术效果。彩画制度充分地表现了我们匠师使用颜色的聪明。

其他门窗即"小木作"部分墙壁台基"石作"部分的做法也一样由于积垒的经验有了谨严的规制，也有无穷的变化。如门窗的刻镂，石座的雕饰。各个方面都有特殊的成就。工程上虽也有不可免的缺点，但中国一座建筑物的整体组合，绝无问题的，是高度成功的艺术。

至于建筑物同建筑物间的组合，即对于空间的处理，我们的祖先更是表现了无比的智慧。我们的平面部署是任何其他建筑所不可及的。院落组织是我们在平面上的特征。无论是住宅、宫署、寺院、宫廷、商店、作坊，都是由若干主要建筑物，如殿堂、厅舍，加以附属建筑物，如厢耳、廊庑、院门、围墙等周绕联络而成一院，或若干相连的院落。这种庭院，事实上，是将一部分户外空间组织到建筑范围以内。这样便适应了居住者对于阳光、空气、花木的自然要求，供给生活上更多方面的使用，增加了建筑的活泼和功能。一座单座庞大的建筑物将它内中的空间分划使用，无论是如何的周廊复室，建筑物以内同建筑物以外是隔绝的，断然划分的。在外的觉得同内中隔绝，可望而不可即，在内的觉得像被囚禁，欲出而不得出，使生活有某种程度的不自然。直到最近欧美建筑师才注意这个缺点，才强调内外联系打成一片的新观点。我们数千年来则无论贫富，在村镇或城市的房屋没有不是组成院落的。它们很自然地给了我们生活许多的愉快，而我们在习惯中，有时反不会觉察到。一样在一个城市部署方面，我们祖国的空间处理同欧洲系统的不同，主要也是在这种庭院的应用上。今天我们把许多市镇中衙署或寺观前的庭院改成广场是很自然的。公共建筑物前面的院子，就可以成护卫的草地区，也很合乎近代需要。

我们的建筑有着种种优良的传统，我们对于这些要深深理解，向过去虚心学习。我们要巩固我们传统的优点，加以发扬光大，在将来创造中灵活运用，基本保存我们的特征。尤其是在被帝国主义文化侵略数十年之后，我们对文化传统或有些隔膜，今天必须多观摩认识，才会更丰富地体验到，享受到我们祖国文化的特殊的光荣的果实。

千年屹立的木构杰作

几千年来，中华民族的建筑绝大部分是木构的。但因新陈代谢，现在已很难看到唐宋时代完整的建筑群，所见大多是硕果仅存的单座建筑物。

国内现存五百年以上的木构建筑虽还不少；七八百年以上，已经为建筑史家所调查研究过的只有三四十处；千年左右的，除去敦煌石窟的廊檐外，在华北的仅有两处依然完整的健在。我们在这里要首先提到现存木构中最古的一个殿。

五台佛光寺 山西五台山豆村镇佛光寺的大殿是唐末会昌年间毁灭佛法以后，在八五七年重建的。它已是中国现存最古的木构①,它依据地形,屹立在靠山坡筑成的高台上。柱头上有雄大的斗拱,在外面挑着屋檐,在内部承托梁架,充分地发挥了中国建筑的特长。它屹立一千一百年,至今完整如初,证明了它的结构工程是如何科学的,合理的,这个建筑如何的珍贵。殿内梁下还有建造时的题字,墙上还保存着一小片原来的壁画,殿内全部三十几尊佛像都是唐末最典型最优秀的作品。在这一座殿中,同时保存着唐代的建筑、书法、绘画、雕塑四种艺术,精华荟粹,实是文物建筑中最重要,最可珍贵的一件国宝。殿内还有两尊精美的泥塑写实肖像,一尊是出资建殿的女施主宁公遇,一尊是当时负责重建佛光寺的愿诚法师,脸部表情富于写实性,且是研究唐末服装的绝好资料。殿阶前有石幢,刻着建殿年月,雕刻也很秀美。

蓟县独乐寺 次于佛光寺最古的木建筑是河北蓟县独乐寺的山门和观音阁。九八四年建造的建筑群,竟还有这门阁相对屹立,至今将近千年了。山门是一座灵巧的单层小建筑,观音阁却是一座庞大的重层(加上两主层间的"平坐"层,实际上是三层)大阁。阁内立着一尊六丈余高的泥塑十一面观音菩萨立像,是中国最大的泥塑像,是最典

---

① 本文撰写时,南禅寺(始建于公元782年)尚未被发现。——编者注

型的优秀辽代雕塑。阁是围绕着像建造的。中间留出一个"井",平坐层达到像膝,上层与像胸平,像头上的"花冠"却顶到上面的八角藻井下。为满足这特殊需要,天才的匠师在阁的中心留出这个"井",使像身穿过三层楼;这个阁的结构,上下内外,因此便在不同的地位上,按照不同的结构需要,用了十几种不同的斗拱,结构上表现了高度的"有机性",令后世的建筑师们看见,只有瞠目咋舌的惊欢。全阁雄伟魁梧,重檐坡斜舒展,出檐极远,所呈印象,与国内其他任何楼阁都不相同。

应县木塔 再次要提到的木构杰作就是察哈尔应县佛宫寺的木塔。在桑乾河的平原上,离应县县城十几里,就可以望见城内巍峨的木塔。塔建于一〇五六年,至今也将近九百年了。这座八角五层(连平座层事实上是九层)的塔,全部用木材骨架构成,连顶上的铁刹,总高六十六公尺余,整整二十丈。上下内外共用了五十七种不同的斗拱,以适合结构上不同的需要。唐代以前的佛塔很多是木构的,但佛家的香火往往把它们毁灭,所以后来多改用砖石。到了今天,应县木塔竟成了国内唯一的孤例。由这一座孤例中,我们看到了中国匠师使用木材登峰造极的技术水平,值得我们永远地景仰。塔上一块明代的匾额,用"鬼斧神工"

四个字赞扬它,我们看了也有同感。

我们的祖先同样地善用砖石

在木构的建筑实物外,现存的砖工建筑有汉代的石阙和石祠,还有普遍全国的佛塔和不少惊人的石桥,应该做简单介绍的叙述。

汉朝的石阙和石祠 阙是古代宫殿,祠庙,陵墓前面甬道两旁分立在左右的两座楼阁形的建筑物。现在保存最好而且最精美的阙莫过于西康雅安的高颐墓阙和四川绵阳的杨府君塞阙。它们虽然都是石造的,全部却模仿木构的形状雕成。汉朝木构的法式,包括下面的平台,阙身的柱子,上面重叠的枋椽,以及出檐的屋顶,都用高度娴熟精确的技术表现出来。它们都是最珍贵的建筑杰作。

山东嘉祥县和肥城县还有若干汉朝坟墓前的"石室",它们虽然都极小极简单,但是还可以看出用柱,用斗,和用梁架的表示。

我们从这几种汉朝的遗物中可以看出中国建筑所特有的传统到了汉朝已经完全确立,以后世世代代的劳动人民继续不断地把它发扬光大,以至今日。这些陵墓的建筑物同时也是史学家和艺术家研究汉代丧葬制度和艺术的珍贵参考资料。

嵩山嵩岳寺砖塔 佛塔已几乎成了中国风景中一个不可缺少的因素。千余年来，它们给了辛苦勤劳，受尽压迫的广大人民无限的安慰，春秋佳日，人人共赏，争着登临远眺。文学遗产中就有数不清的咏塔的诗。

唐宋盛行的木塔已经只剩一座了，砖石塔却保存得极多。河南嵩山嵩岳寺塔建于五二〇年，是国内最古的砖塔，也是最优秀的一个实例。塔的平面作十二角形，高十五层，这两个数字在佛塔中是特殊的孤例，因为一般的塔，平面都是四角、六角，或八角形，层数至多仅到十三。这塔在样式的处理上，在一个很高的基座上，是一段高的塔身，再往上是十五层密密重叠的檐。塔身十二角上各砌作一根八角柱，柱础柱头都作莲瓣形。塔身垂直的柱与上面水平的檐层构成不同方向的线路；全塔的轮廓是一道流畅和缓的抛物线形，雄伟而秀丽，是最高艺术造诣的表现。

由全国无数的塔中，我们得到一个结论，就是中国建筑，即使如佛塔这样完全是从印度输入的观念，在物质体形上却基本的是中华民族的产物，只在雕饰细节上表现外来的影响。《后汉书·陶谦传》所叙述的"浮图"（佛塔）是"下为重楼,上叠金盘"。重楼是中国原有的多层建筑物,是塔的本身,金盘只是上面的刹,就是印度的"窣堵坡"。塔的建筑是中华文化接受外来文化影响的绝好的结晶。塔是我们把外来影响同原有的基础接合后发展出来的产物。

赵州桥 中国有成千成万的桥梁,在无数的河流上,便利了广大人民的交通,或者给予多少人精神上的愉悦,有许多桥在中国的历史上有着深刻的意义。长安的灞桥,北京的卢沟桥,就是卓越的例子。但从工程的技术上说,最伟大的应是北方无人不晓的赵州桥。如民间歌剧《小放牛》里的男脚色问女的:"赵州桥,什么人修?"绝不是偶然的。它的工程技巧实太惊人了。

这条桥是跨在河北赵县洨水上的。跨长三十七公尺有余(约十二丈二尺),是一个单孔券桥。在中国古代的桥梁中,这是最大的一个弧券。然而它的伟大不仅在跨度之大,而在大券两端,各背着两个小券的做法。这个措置减少了洪水时桥身对水流的阻碍面积,减少了大券上的荷载,是聪明无比的创举。这种做法在欧洲到一九一二年才初次出现,然而隋朝(公元五八一至六一八年)的匠人李春却在一千三百多年前就建造了这样一道桥。这桥屹立到今天,仍然继续便利着来往的行人和车马。桥上原有唐代的碑文,特别赞扬"隋匠李春""两涯穿四穴"的智巧；桥身小券内面，还有无数宋金元明以来的铭刻，记载着历代人民对它的敬佩。李春两个字是中国工程史中永远不会埋没的名字，每一位桥梁工程师都应向这位一千三百年前伟大的天才工程师看齐！

索桥 铁索桥、竹索桥，这些都是西南各省最熟悉的名称，在工程史中，索桥又是我们的祖先对于人类文化史的一个伟大贡献。铁链是我们的祖先发明的，他们的智慧把一种硬直顽固的天然材料改变成了柔软如意的工具。这个伟大的发明，很早就被应用来联系河流的阻隔，创造了索桥。除了用铁之外，我们还就地取材，用竹索作为索桥的材料。

灌县竹索桥在四川灌县，与著名的水利工程都江堰同样著名，而且在同一地点上的，就是竹索桥。在宽三百二十余公尺的岷江面上，它像一根线那样，把两面的人民联系着，使他们融合成一片。

在激湍的江流中，勇敢智慧的工匠们先立下若干座木架。在江的两岸，各建桥楼一座，楼内满装巨大的石卵。在两楼之间，经过木架上面，并列牵引十条用许多竹篾编成的粗巨的竹索，竹索上面铺板，成为行走的桥面。桥面两旁也用竹索做成栏杆。

西南的索桥多数用铁,而这座索桥却用竹。显而易见,因为它巨大的长度,铁索的重量和数量都成了问题,而竹是当地取不尽,用不竭,而又具有极强的张力的材料;重量又是极轻的。在这一点上,又一次证明了中国工匠善于取材的伟大智慧。

从古就有有计划的城

自从周初封建社会开始,中国的城邑就有了制度。为了防御邻邑封建主的袭击,城邑都有方形的城郭。城内封建主住在前面当中,后面是市场,两旁是老百姓的住宅。对着城门必有一条大街。其余的土地划分为若干方块,叫做"里",唐以后称"坊"。里也有围墙,四面开门,通到大街或里与里间的小巷上。每里有一名管理员,叫做"里人"。这种有计划的城市,到了隋唐的长安已达到了最高度的发展。

隋唐的长安首次制定了城市的分区计划。城内中央的北部是宫城,皇帝住在里面。宫城之外是皇城,所有的衙署都在里面,就是首都的行政区。皇城之外是都城,每面开三个门，有九条大街南北东西地交织着。大街以外的土地就是一个一个的坊。东西各有两个市场，在大街的交叉处，城之东南隅，还有曲江的风景。这样就把皇宫、行政区、住宅区、商业区、风景区明白地划分规定，而用极好的道路系统把它们系起来，条理井然。有计划地建造城市，我们是历史上最先进的民族。古来"营国筑室"，即都市计划与建筑，素来是相提并论的。

隋唐的长安、洛阳和许多古都市已不存在，但人民中国的首都北京却是经元、明、清三代，总结了都市计划的经验，用心经营出来的卓越的、典型的中国都市。

北京今日城垣的外貌正是辩证的发展的最好例子。北京在部署上最出色的是它的南北中轴线，由南至北长达七公里余。在它的中心立着一座座纪念性的大建筑物。由外城正南的永定门直穿进城，一线引直，通过整一个紫禁城到它北面的钟楼鼓楼，在景山巅上看得最为清楚。世界上没有第二个城市有这样大的气魄，能够这样从容地掌握这样的一种空间概念。更没有第二个国家有这样以巍峨尊贵的纯色黄琉璃瓦顶，朱漆描金的木构建筑物，毫不含糊地连属组合起来的宫殿与宫廷。紫禁城和内中成百座的宫殿是世界绝无仅有的建筑杰作的一个整体。环绕着它的北京的街型区域的分配也是有条不紊的城市的奇异的孤例。当中偏西的宫苑，偏北的平民娱乐的什刹海，禁城北面满是松柏的景山，都是北京的绿色区。在城内有园林的调剂也是不可多得的优良的处理方法。这样的都市不但在全世界里中古时代所没有，即在现代，用最进步的都市计划理论配合，仍然是保持着最有利条件的。

这样一个京城是历代劳动人民血汗的创造，从前一切优美的果实都归统治阶级享受，今天却都回到人民手中来了。我们爱自己的首都，也最骄傲它中间这么珍贵的一份伟大的建筑遗产。

在中国的其他大城市里，完整而调和的，中华民族历代所创造的建筑群，它们的秩序和完整性已被帝国主义的侵入破坏了。保留下来的已都是残破零星，亟待整理的。相形之下北京保存的完整更是极可宝贵的。过去在不利的条件下，许多文物遗产都不必要地受到损害。今天的人民已经站起来了，我们保证尽最大的能力来保护我们光荣的祖先所创造出来可珍贵的一切并加以发扬光大。

原载于1951年2月19—20日《人民日报》

闲话文物建筑的重修与维护

梁思成

今年三月,有机会随同文化部的几位领导同志以及茅以升先生重访阔别三十年的赵州桥,还到同样阔别三十年的正定去转了一圈。地方,是旧地重游;两地的文物建筑,却真有点像旧雨重逢了。对这些历史胜地、千年文物来说,三十年仅似白驹过隙;但对我们这一代人来说,这却是变化多么大——天翻地覆的三十年呀!这些文物建筑在这三十年的前半遭受到令人痛心的摧残、破坏。但在这三十年的后半——更准确地说,在这三十年的后十年,也和祖国的大地和人民一道,翻了身,获得了新的"生命"。其中有许多已经更加健康、壮实,而且也显得"年轻"了。它们都将延年益寿,作为中华民族历史文化的最辉煌的典范继续发出光芒,受到我们子子孙孙的敬仰。我们全国的文物工作者在党和政府的领导下,在文物建筑的维护和重修方面取得的成就是巨大的。

二十年前,当我初次到赵县测绘久闻大名的赵州大石桥——安济桥的时候，兴奋和敬佩之余，看见它那危在旦夕的龙钟残疾老态，又不禁为之黯然怅惘。临走真是不放心，生怕一别即成永诀。当时，也曾为它试拟过重修方案。当然，在那时候，什么方案都无非是纸上谈兵、空中楼阁而已。

解放后，不但欣悉名桥也熬过了苦难的日子，而且也经受住了革命战火的考验；更可喜，不久，重修工作开始了；它被列入全国重点文物保护单位的行列。《小放牛》里歌颂的"玉石栏杆"，在河底污泥中埋没了几百年后，重见天日了。古桥已经返老还童。我们这次还重验了重修图纸，检查了现状。谁敢说它不能继续雄跨洨河再一个一千三百年！

正定龙兴寺也得到了重修。大觉六师殿的瓦砾堆已经清除，转轮藏和慈氏阁都焕然一新了。整洁的伽蓝与三十年前相比，更似天上人间。

在取得这些成就的同时，作为新中国的文物工作者，我们是否已经做得十全十美了呢？当然我们不会那样狂妄自大。我们完全知道，我们还是有不少缺点的。我们的工作还刚刚开始，还缺乏成熟的经验。怎样把我们的工作进一步提高？这值得我们认真钻研。不揣冒昧，在下面提出几个问题和管见，希望抛砖引玉。

整旧如旧与焕然一新

古来无数建筑物的重修碑记都以"焕然一新"这样的形容词来描绘重修的效果,这是有其必然的原因的。首先,在思想要求方面,古建筑从来没有被看作金石书画那样的艺术品,人们并不像尊重殷周铜器上的一片绿锈或者唐宋书画上的苍黯的斑渍那样去欣赏大自然在一些殿阁楼台上留下的烙印。其次是技术方面的要求,一座建筑物重修起来主要是要坚实屹立,继续承受岁月风雨的考验,结构上的要求是首要的。至于木结构上的油饰彩画,除了保护木材,需要更新外,还因剥脱部分,若只片片补画,将更显寒伧。若补画部分模仿原有部分的古香古色,不出数载,则新补部分便成漆黑一团。大自然对于油漆颜色的化学、物理作用是难以在巨大的建筑物上摹拟仿制的。因此,重修的结果就必然是焕然一新了。七七事变以前,我曾跟随杨廷宝先生在北京试做过少量的修缮工作,当时就琢磨过这问题,最后还是采取了"焕然一新"的老办法。这已是将近三十年前的事了,但直至今天,我还是认为把一座古文物建筑修得焕然一新,犹如把一些周鼎汉镜用擦铜油擦得油光晶亮一样,将严重损害到它的历史、艺术价值。这也是一个形式与内容的问题。我们究竟应该怎样处理?有哪些技术问题需要解决?很值得深入地研究一下。

在砖石建筑的重修上,也存在着这问题。但在技术上,我认为是比较容易处理的。在赵州桥的重修中,这方面没有得到足够的重视,这不能说不是一个遗憾。

我认为在重修具有历史、艺术价值的文物建筑中,一般应以"整旧如旧"为我们的原则。这在重修木结构时可能有很多技术上的困难,但在重修砖石结构时,就比较少些。

就赵州桥而论,重修以前,在结构上,由于二十八道并列的券向两侧倾离,只剩下二十三道了,而其中西面的三(?)道,还是明末重修时换上的。当中的二十道,有些石块已经破裂或者风化;全桥真是危乎殆哉。但在外表形象上,即使是明末补砌的部分,都呈现苍老的面貌,石质则一般还很坚实。两端桥墩的石面也大致如此。这些石块大小都不尽相同,砌缝有些参嵯,再加上千百年岁月留下的痕迹,赋予这桥一种与它的高龄相适应的"面貌",表现了它特有的"品格"和"个性"。作为一座古建筑,它的历史性和艺术性之表现,是和这种"品格""个性""面貌"分不开的。

在这次重修中，要保存这桥外表的饱经风霜的外貌是完全可以办到的。它的有利条件之一是桥券的结构采用了我国发券方法的一个古老传统，在主券之上加了缴背（亦称伏）一层。我们既然把这层缴背改为一道钢筋混凝土拱，承受了上面的荷载，同时也起了搭牵住下面二十八道平行并列的单券的作用，则表面完全可以用原来券面的旧石贴面。即使旧券石有少数要更换，也可以用桥身他处拆下的旧石代替，或者就在旧券石之间，用新石"打"几个"补钉"，使整座桥恢复"健康"、坚固，但不在面貌上"还童""年轻"。今天我们所见的赵州桥，在形象上绝不给人以高龄1300岁的印象，而像是今天新造的桥——形与神不相称。这不能不说是美中不足。

与此对比，山东济南市去年在柳埠重修的唐代观音寺（九塔寺）塔是比较成功的。这座小塔已经很残破了。但在重修时，山东的同志们采取了"整旧如旧"的原则。旧的部分除了从内部结构上加固，或者把外面走动部分"归安"之外，尽可能不改，也不换料。补修部分，则用旧砖补砌，基本上保持了这座塔的"品格"和"个性"，给人以"老当益壮"，而不是"还童"的印象。我们应该祝贺山东的同志们的成功，并表示敬意。

一切经过试验

在九塔寺塔的重修中,还有一个好经验,值得我们效法。

九个小塔都已残破,没有一个塔刹存在。山东同志们在正式施工以前,在地面、在塔上,先用砖干摆,从各个角度观摩,看了改,改了看,直到满意才定案,正式安砌上去。这样的精神值得我们学习。

诚然,九座小塔都是极小的东西,做试验很容易;像赵州桥那样庞大的结构,做试验就很难了。但在赵县却有一个最有利的条件。西门外金代建造的永通桥(也是全国重点保护文物),真是"天造地设"的"试验室"。假使在重修大桥以前,先用这座小桥试做,从中吸取经验教训,那么,现在大桥上的一些缺点,也许就可以避免了。

毛主席指示我们"一切要通过试验",在文物建筑修缮工作中,我们尤其应该牢牢记住。

古为今用与文物保护

我们保护文物,无例外地都是为了古为今用,但用之之道，则各有不同。

有些本来就是纯粹的艺术作品，如书画、造像等，在古代就只作观赏（或膜拜，但膜拜也是"观赏"的一种形式）之用；今用也只供观赏。在建筑中，许多石窟、碑碣、经幢和不可登临的实心塔，如北京的天宁寺塔、妙应寺白塔、赵县柏林寺塔等属于此类。有些本来有些实际用处，但今天不用，而只供观赏的，如殷周鼎爵、汉镜、带钩之类。在建筑中，正定隆兴寺的全部殿、阁，北京天坛祈年殿、皇穹宇等属于此类。当然，这一类建筑，今天若硬要给它"分配"一些实际用途，固然未尝不可，但一般说来，是难以适应今天的任何实际需要的功能的。就是北京故宫，尽管被利用为博物馆，但绝不是符合现代博物馆的要求的博物馆。但从另一角度说，故宫整个组群本身却是更主要的被"展览"的文物。上面所列举的若干类文物和建筑之为今用，应该说主要是为供观赏之用。当然我们还对它进行科学研究。

另外还有一类文物，本身虽古，具有重要的历史、艺术价值，但直至今天，还具有重要实用价值的。全国无数的古代桥梁是这一类中最突出的实例。虽然许多园林中也有许多纯粹为点缀风景的桥，但在横跨河流的交通孔道上的桥,主要的乃至唯一的目的就是交通。赵县西门外永通桥,尽管已残破歪扭,但就在我们在那里视察的不到一小时的时间内,就有五六辆载重汽车和更多的大车从上面经过。重修以前的安济桥也是经常负荷着沉重的交通流量的。

而现在呢,崭新的桥已被"封锁"起来了。虽然旁边另建了一道便桥,但行人车马仍感不便。其实在重修以前,这座大石桥,和今天西门外的小石桥一样,还是经受着沉重的负荷的。现在既然"脱胎换骨",十分健壮,理应能更好地为交通服务。假使为了慎重起见,可使载重汽车载重兽力车绕行便桥,一般行人、自行车、小型骡马车、牲畜、小汽车等,还是可以通行的。桥不是只供观赏的。重修之后,古桥仍须为今用——同时发挥它作为文物建筑和作为交通桥梁的双重的,既是精神的,又是物质的作用。当然在保护方面,二者之间有矛盾。负责保管这桥的同志只能妥筹办法,而不能因噎废食。

文物建筑不同于其他文物,其中大多在作为文物而受到特殊保护之同时,还要被恰当地利用。应当按每一座或每一组群的具体情况拟订具体的使用和保护办法,还应当教育群众和文物建筑的使用者尊重、爱护。

涂脂抹粉与输血打针

几千年的历史给我们留下了大量的文物建筑。国务院在1961年已经公布了第一批全国重点文物保护单位。在我国几千年历史中，文物建筑第一次真正受到政府的重视和保护。每年国家预算都拨出巨款为修缮、保管文物建筑之用。即使在遭受连年自然灾害的情况下，文物建筑之修缮保管工作仍得到不小的款额。这对我们是莫大的鼓舞。这些钱从我们手中花出去，每一分钱都是工人、农民同志的汗水的结晶，每一分钱都应该花得"铛铛"地响，——把钢用在刀刃上。

问题在于，在文物建筑的重修与维护中，特别是在我国目前经济情况下，什么是"刀刃"？"刀刃"在哪里？

我们从历代祖先继承下来的建筑遗产是一份珍贵的文化遗产，但同时也是一个分量不轻的"包袱"。它们绝大部分都是已经没有什么实用价值的东西；它们主要的甚至唯一的价值就是历史或者艺术价值。它们大多数是千几百年的老建筑；有砖石建筑、有木构房屋；有些还比较硬朗、结实、有些则"风烛残年"，危在旦夕。对它们进行维修，需要相当大的财力、物力。而在人力方面，按比例说，一般都比新建要投入大得多的工作和时间。我们的主观愿望是把有价值的文物建筑全部修好。但"百废俱兴"是不可能的。除了少数重点如赵县大石桥、北京故宫、敦煌莫高窟等能得到较多的"照顾"外，其他都要排队，分别轻重缓急，逐一处理。但同时又须意识到，这里面有许多都是危在旦夕的"病号"，必须准备"急诊"、随时抢救。抢救需要"打强心针""输血"，使"病号""苟延残喘"，稳定"病情"，以待进一步恢复"健康"。对一般的砖石建筑说来，除去残破严重的大跨度发券结构（如重修前的赵县大石桥和目前的小石桥）外，一般都是"慢性病"，多少还可以"带病延年"，急需抢救的不多。但木构架建筑，主要构材（如梁、柱）和结构关键（如脊或檩）的开始蛀蚀腐朽，如不及时"治疗"，"病情"就会迅速发展，很快就"病入膏肓"，救药就越来越困难了。无论我们修缮文物建筑的经费有多少，必然会少于需要的款额或材料、人力的。这种分别轻重缓急、排队逐一处理的情况都将长期间存在。因此，各地文物保管部门的重要工作之一就在及时发现这一类急需抢救的建筑和它们"病症"的关键，及时抢修，防止其继续破坏下去，去把它稳定下来，如同输血、打强心针一样，而不应该"涂脂抹粉",做表面文章。

正定隆兴寺除了重修了转轮藏和慈氏阁之外,还清除了大觉六师殿遗址的瓦砾堆,将原来的殿基和青石佛坛清理出来,全寺环境整洁,这是很好的。但摩尼殿的木构柱梁(过去虽曾一度重修)有许多已损坏到岌岌可危的程度,戒坛也够资格列入"危险建筑"之列了。此外,正定城内还有若干处急需保护以免继续坏下去的文物建筑。今年度正定分到的维修费是不太多的,理应精打细算,尽可能地做些"输血、打针"的抢救工作。但我们所了解到的却是以经费中很大部分去做修补大觉六师殿殿基和佛坛的石作。这是一个对于文物建筑的概念和保护修缮的基本原则的问题。古埃及、希腊、罗马的建筑遗物绝大多数是残破不全的,修缮工作只限于把倾倒坍塌的原石归安本位,而绝不应为添制新的部分。即使有时由于结构的必需而"打"少数"补钉",亦仅是由于维持某些部分使不致拼不拢或者搭不起来,不得已而为之。大觉六师殿殿基是一个残存的殿基,而且也只是一个残存的殿基。它不同于转轮藏和慈氏阁,丝毫没有修补或再加工的必要。在这里,可以说钢是没有用在刀刃上了。这样的做法,我期期以为不可,实在不敢赞同。

正定城内很值得我们注意的是开元寺钟楼。许多位同志都认为这座钟楼，除了它上层屋顶外，全部主要构架和下檐都是唐代结构。这是一座很不惹人注意的小楼。我们很有条件参照下檐斗拱和檐部结构，并参考一些壁画和实物，给这座小楼恢复一个唐代样式屋顶，在一定程度上恢复它的本来面目。以我们所掌握的对唐代建筑的知识，肯定能够取得"虽不中亦不远矣"的效果，总比现在的样子好得多。估计这项工程所费不大，是一项"事半功倍"的值得做的好事。同时，我们也可以借此进行一次试验，为将来复修或恢复其他唐代建筑的工作取得一点经验。我很同意同志们的这些意见和建议。这座钟楼虽然不是需要"输血打针"的"重病号"，但也可以算是值得"用钢"的"刀刃"吧。

红花还要绿叶托

一切建筑都不是脱离了环境而孤立存在的东西。它也许是一座秀丽的楼阁，也许是一座挺拔的宝塔，也许是平铺一片的纺织厂，也许是四根、六根大烟囱并立的现代化热电站，但都不能"独善其身"。对人们的生活，对城乡的面貌，它们莫不对环境发生一定影响；同时，也莫不受到环境的影响。在文物建筑的保管、维护工作中，这是一个必须予以考虑的方面。文化部规定文物建筑应有划定的保管范围，这是完全必要的。对于划定范围的具体考虑，我想补充几点。除了应有足够的范围，便于保管外，还应首先考虑到观赏的距离和角度问题。范围不可太小，必须给观赏者可以从至少一个角度或两三个角度看见建筑物全貌的足够距离，其中包括便于画家和摄影家绘画、摄影的若干最好的角度。

其次是绿化问题。文物建筑一般最好都有些绿化的环境。但绿化和观赏可能发生矛盾，甚至对建筑物的保护也可能发生矛盾。去年到蓟县看见独乐寺观音阁周围种树离阁太近了，而且种了三四排之多。这些树长大后不仅妨碍观赏，而且树枝会和阁身"打架"，几十年后还可能挤坏建筑；树根还可能伤害建筑物的基础。因此，绿化应进行设计：大树要离建筑物远些，要考虑将来成长后树型与建筑物体型的协调；近处如有必要，只宜种些灌木，如丁香、刺梅之类。

残破低矮的建筑遗址，有些是需要一些绿化来衬托衬托的，但也不可一概而论。正定龙兴寺北半部已有若干棵老树，但南半大觉六师殿址周围就显得秃了些。六师殿址前后若各有一对松柏一类的大树,就会更好些。殿址之北,摩尼殿前的东西配殿遗址,现在用柏树篱一周围起,就使人根本看不到殿址了。这里若用树篱,最好只种三面,正面要敞开,如同三扇屏风,将殿基残址衬托出来。

绿化如同其他艺术一样,也有民族形式问题。我国传统的绿化形式一般都采取自然形式。西方将树木剪成各种几何形体的办法,一般是难与我国环境协调,枯燥无味的。

但我们也不应一概拒绝,例如在摩尼殿前配殿基址就可以用剪齐的树屏风。但有些在地面上用树木花草摆成几何图案,我是不敢赞同的。

有若无,实若虚,大智若愚

在重修文物建筑时,我们所做的部分,特别是在不得已的情况下,我们加上去的部分,它们在文物建筑本身面前,应该采取什么样的态度,是我们应该正确认识的问题。这和前面所谈"整旧如旧"事实上是同一问题。

游故宫博物院书画馆的游人无不痛恨乾隆皇帝。无论什么唐、宋、元、明的最珍贵的真迹上,他都要题上冗长的歪诗,打上他那"乾隆御览之宝""古稀天子之宝"的图章。他应被判为一名破坏文物的罪在不赦的罪犯。他在爱惜文物的外衣上，拼命地表现自己。我们今天重修文物建筑时，可不要犯他的错误。

前一两年曾见到龙门奉先寺的保护方案，可以借来说明我一些看法。

奉先寺卢舍那佛一组大像原来是有木构楼阁保护的；但不知从什么时候起（推测甚至可能从会昌灭法时），就已经被毁。一组大像露天危坐已经好几百年，已经成为人们脑子里对于龙门石窟的最主要的印象了。但今天，我们不能让这组中国雕刻史中最重要的杰作之一继续被大自然损蚀下去，必须设法保护，不使再受日晒雨淋。给它做一些掩盖是必要的。问题在于做什么和怎样做。

见到的几个方案都采取柱廊的方式。这可能是最恰当的方式。这解决了"做什么"的问题。

至于怎样做，许多方案都采用了粗壮有力的大石柱，上有雕饰的柱头，下有华丽的柱础；柱上有相当雄厚的檐子。给人的印象略似北京人民大会堂的柱廊。唐朝的奉先寺装上了今天常见的大礼堂或大剧院的门面！这不仅"喧宾夺主"，使人们看不见卢舍那佛的组像，而且改变了龙门的整个气氛。我们正在进行伟大的社会主义建设，在建设中我们的确应该把中国人民的伟大气概表达出来。但这应该表现在长江大桥上，在包钢、武钢上，在天安门广场、长安街、人民大会堂、革命历史博物馆上，而不应该表现在龙门奉先寺上。在这里，新中国的伟大气概要表现在尊重这些文物、突出这些文物。我们所做的一切维修部分，在文物跟前应当表现得十分谦虚，只做小小"配角"，要努力做到"无形中"把"主角"更好地衬托出来，绝不应该喧宾夺主影响主角地位。这就是我们伟大气概的伟大的表现。

在古代文物的修缮中，我们所做的最好能做到"有若无，实若虚，大智若愚"，那就是我们最恰当的表现了。

解放以来，负责保管和维修文物建筑的同志们已经做了很多出色的工作，积累了很多经验，而我自己在具体设计和施工方面却一点也没有做。这次到赵县、正定走马观花一下，回来就大发谬论，累牍盈篇，求全责备，吹毛求疵，实在是荒唐狂妄至极。只好借杨大年一首诗来为自己开脱。诗曰：

鲍老当筵笑郭郎，笑他舞袖太郎当；

若教鲍老当筵舞，定比郎当舞袖长！

原载于1964年《文物》第7期

关于北京城墙存废问题的讨论

梁思成

北京成为新中国的新首都了。新首都的都市计划即将开始，古老的城墙应该如何处理，很自然地成了许多人所关心的问题。处理的途径不外拆除和保存两种。城墙的存废在现代的北京都市计划里，在市容上，在交通上，在城市的发展上，会发生什么影响，确是一个重要的问题，应该慎重地研讨，得到正确的了解，然后才能在原则上得到正确的结论。

有些人主张拆除城墙，理由是：城墙是古代防御的工事，现在已失去了功用，它已尽了它的历史任务了；城墙是封建帝王的遗迹；城墙阻碍交通，限制或阻碍城市的发展；拆了城墙可以取得许多砖，可以取得地皮，利用为公路。简单地说，意思是：留之无用，且有弊害，拆之不但不可惜，且有薄利可图。

但是，从不主张拆除城墙的人的论点上说，这种看法是有偏见的、片面的、狭隘的，也缺乏实际的计算的；由全面城市计划的观点看来,都是知其一不知其二的,见树不见林的。

他说:城墙并不阻碍城市的发展,而且把它保留着与发展北京为现代城市不但没有抵触,而且有利。如果发展它的现代作用,它的存在会丰富北京城人民大众的生活,将久远地成为我们可贵的环境。

先说它的有利的现代作用。自从十八、十九世纪以来,欧美的大都市因为工商业无计划、无秩序、无限制地发展,城市本身也跟着演成了野草蔓延式的滋长状态。工业、商业、住宅起先便都混杂在市中心,到市中心积渐地密集起来时,住宅区便向四郊展开。因此工商业随着又向外移。到了四郊又渐形密集时,居民则又向外展移,工商业又追踪而去。结果,市区被密集的建筑物重重包围。在伦敦、纽约等市中心区居住的人,要坐三刻钟乃至一小时以上的地道车才能达到郊野。市内之枯燥嘈杂,既不适于居住,也渐不适于工作,游息的空地都被密集的建筑物和街市所侵占,人民无处游息,各种行动都忍受交通的拥挤和困难。所以现代的都市计划,为市民身心两方面的健康,为解除无限制蔓延的密集,便设法采取了将城市划分为若干较小的区域的办法。小区域之间要用一个园林地带来隔离。这种分区法的目的在使居民能在本区内有工作的方便，每日经常和必要的行动距离合理化，交通方便及安全化；同时使居民很容易接触附近郊野田园之乐，在大自然里休息；而对于行政管理方面，也易于掌握。北京在二十年后，人口可能增加到四百万人以上，分区方法是必须采用的。靠近城墙内外的区域，这城墙正可负起它新的任务。利用它为这种现代的区间的隔离物是很方便的。

这里主张拆除的人会说：隔离固然是隔离了，但是你们所要的园林地带在哪里？而且隔离了，交通也就被阻梗了。

主张保存的人说：城墙外面有一道护城河，河与墙之间有一带相当宽的地，现在城东、南、北三面，这地带上都筑了环城铁路。环城铁路因为太近城墙，阻碍城门口的交通，应该拆除向较远的地方展移。拆除后的地带，同护城河一起，可以做成极好的"绿带"公园。护城河在明正统年间，曾经"两涯甃以砖石"，将来也可以如此做。将来引导永定河水一部分流入护城河的计划成功之后，河内可以放舟钓鱼，冬天又是一个很好的溜冰场。不惟如此，城墙上面，平均宽度约十公尺以上，可以砌花池，栽植丁香、蔷薇一类的灌木，或铺些草地，种植草花，再安放些园椅。夏季黄昏，可供数十万人的纳凉游息。秋高气爽的时节，登高远眺，俯视全城，西北苍苍的西山，东南无际的平原，居住于城市的人民可以这样接近大自然，胸襟壮阔。还有城楼角楼等可以辟为陈列馆、阅览室、茶点铺。这样一带环城的文娱圈，环城立体公园，是全世界独一无二的。北京城内本来很缺乏公园空地，解放后皇宫禁地都是人民大众工作与休息的地方；清明前后几个周末，郊外颐和园一天的门票曾达到八九万张的纪录，正表示北京的市民如何迫切地需要假日休息的公园。古老的城墙正在等候着负起新的任务，它很方便地在城的四面，等候着为人民服务，休息他们的疲劳筋骨，培养他们的优美情绪，以民族文物及自然景色来丰富他们的生活。

不惟如此，假便国防上有必需时，城墙上面即可利用为良好的高射炮阵地。古代防御的工事在现代还能够再尽一次历史任务！

这里主张拆除者说，它是否阻碍交通呢？

主张保存者回答说：这问题只在选择适当地点，多开几个城门，便可解决的。而且现代在道路系统的设计上，我们要控制车流，不使它像洪水一般的到处"泛滥"，而要引导它汇集在几条干道上，以联系各区间的来往。我们正可利用适当位置的城门来完成这控制车流的任务。

但是主张拆除的人强调着说：这城墙是封建社会统治者保卫他们的势力的遗迹呀，我们这时代既已用不着，理应拆除它的了。

回答是：这是偏差幼稚的看法。故宫不是帝王的宫殿吗？它今天是人民的博物院。天安门不是皇宫的大门吗？中华人民共和国的诞生就是在天安门上由毛主席昭告全世界的。我们不要忘记，这一切建筑体形的遗物都是古代多少劳动人民创造出来的杰作，虽然曾经为帝王服务，被统治者所专有，今天已属于人民大众，是我们大家的民族纪念文物了。

同样的，北京的城墙也正是几十万劳动人民辛苦事迹所遗留下的纪念物。历史的条件产生了它，它在各时代中形成并执行了任务，它是我们人民所承继来的北京发展史在体形上的遗产。它那凸字形特殊形式的平面就是北京变迁发展史的一部分说明，各时代人民辛勤创造的史实，反映着北京的长成和文化上的进展。我们要记着，从前历史上易朝换代是一个统治者代替了另一个统治者，但一切主要的生产技术及文明的、艺术的创造，却总是从人民手中出来的；为生活便利和安心工作的城市工程也不是例外。

简略说来，一二三四年元人的统治阶级灭了金人的统治阶级之后,焚毁了比今天北京小得多的中都(在今城西南)。到一二六七年,元世祖以中都东北郊琼华岛离宫(今北海)为他威权统治的基础核心,古今最美的皇宫之一,外面四围另筑了一周规模极大的,近乎正方形的大城;现在内城的东西两面就仍然是元代旧的城墙部位,北面在现在的北面城墙之北五里之处(土城至今尚存),南面则在今长安街线上。当时城的东南角就是现在尚存的,郭守敬所创建的观象台地点。那时所要的是强调皇宫的威仪,"面朝背市"的制度,即宫在南端,市在宫的北面的部局。当时运河以什刹海为终点,所以商业中心,即"市"的位置,便在钟鼓楼一带。当时以手工业为主的劳动人民便都围绕着这个皇宫之北的市心而生活。运河是由城南入城的,现在的北河沿和南河沿就是它的故道,所以沿着现时的六国饭店,军管会,翠明庄,北大的三院,民主广场,中法大学河道一直北上,尽是外来的船舶,由南方将物资运到什刹海。什刹海在元朝便相等于今日的前门车站交通终点的。后来运河失修,河运只达城南,城北部人烟稀少了。而城南却更便于工商业。在一三七〇年前后,明太祖重建城墙的时候,就为了这个原因,将城北面"缩"了五里,建造了今天的安定门和德胜门一线的城墙。商业中心既南移,人口亦向城南集中。但明永乐时迁都北京，城内却缺少修建衙署的地方，所以在一四一九年，将南面城墙拆了展到现在所在的线上。南面所展宽的土地，以修衙署为主，开辟了新的行政区。现在的司法部街原名"新刑部街"，是由西单牌楼的"旧刑部街"迁过来的。换一句话说，就是把东西交民巷那两条"郊民"的小街"巷"让出为衙署地区，而使郊民更向南移。

现在内城南部的位置是经过这样展拓而形成的。正阳门外也在那以后更加繁荣起来。到了明朝中叶，统治者势力渐弱，反抗的军事威力渐渐严重起来，因为城南人多，所以计划以元城北面为基础，四周再筑一城。故外城由南面开始，当中开辟永定门，但开工之后，发现财力不足，所以马马虎虎，东西未达到预定长度，就将城墙北折，止于内城的南方。于一五五三年完成了今天这个凸字形的特殊形状。它的形成及其在位置上的发展，明显地是辩证的，处处都反映各时期中政治、经济上的变化及其在军事上的要求。

这个城墙由于劳动的创造，它的工程表现出伟大的集体创造与成功的力量。这环绕北京的城墙，主要虽为防御而设，但从艺术的观点看来，它是一件气魄雄伟、精神壮丽的杰作。它的朴质无华的结构，单纯壮硕的体形，反映出为解决某种的需要，经由劳动的血汗，劳动的精神与实力，人民集体所成功的技术上的创造。它不只是一堆平凡叠积的砖堆，它是举世无匹的大胆的建筑纪念物，磊拓嵯峨，意味深厚的艺术创造。无论是它壮硕的品质，或是它轩昂的外像，或是那样年年历尽风雨甘辛，同北京人民共甘苦的象征意味，总都要引起后人复杂的情感的。

苏联斯摩棱斯克的城墙，周围七公里，被称为"俄罗斯的颈环"，大战中受了损害，苏联人民百般爱护地把它修复。北京的城墙无疑的也可当"中国的颈环"乃至"世界的颈环"的尊号而无愧。它是我们的国宝，也是世界人类的文物遗迹。我们既承继了这样可珍贵的一件历史遗产，我们岂可随便把它毁掉！

那么，主张拆除者又问了：在那有利的方面呢？我们计算利用城墙上那些砖，拆下来协助其他建设的看法，难道就不该加以考虑吗？

这里反对者方面更有强有力地辩驳了。

他说：城砖固然可能完整地拆下很多，以整个北京城来计算，那数目也的确不小。但北京的城墙，除去内外各有厚约一公尺的砖皮外，内心全是"灰土"，就是石灰黄土的混凝土。这些三四百年乃至五六百年的灰土坚硬如同岩石；据约略估计，约有一千一百万吨。假使能把它清除，用由二十节十八吨的车皮组成的列车每日运送一次，要八十三年才能运完！请问这一列车在八十三年之中可以运输多少有用的东西。而且这些坚硬的灰土，既不能用以种植，又不能用作建筑材料，用来筑路，却又不够坚实，不适使用，完全是毫无用处的废料。不但如此，因为这混凝土的坚硬性质，拆除时没有工具可以挖动它，还必须使用炸药，因此北京的市民还要听若干年每天不断的爆炸声！还不止如此，即使能把灰土炸开，挖松，运走，这一千一百万吨的废料的体积约等于十一二个景山，又在何处安放呢？主张拆除者在这些问题上面没有费过脑汁，也许是由于根本没有想到，乃至没有知道墙心内有混凝土的问题吧。

就说绕过这样一个问题而不讨论，假设北京同其他县城的城墙一样是比较简单的工程，计算把城砖拆下做成暗沟，用灰土将护城河填平，铺好公路，到底是不是一举两得一种便宜的建设呢？

由主张保存者的立场来回答是：苦心的朋友们，北京城外并不缺少土地呀，四面都是广阔的平原，我们又为什么要费这样大的人力，一两个野战军的人数，来取得这一带之地呢？拆除城墙所需的庞大的劳动力是可以积极生产许多有利于人民的果实的。将来我们有力量建设，砖窑业是必要发展的用不着这样费事去取得。如此浪费人力，同时还要毁掉环绕着北京的一件国宝文物——一圈对于北京形体的壮丽有莫大关系的古代工程，对于北京卫生有莫大功用的环城护城河——这不但是庸人自扰，简直是罪过的行动了。

这样辩论斗争的结果，双方的意见是不应该不趋向一致的。事实上，凡是参加过这样辩论的，结论便都是认为城墙的确不但不应拆除，且应保护整理，与护城河一起作为一个整体的计划，善予利用，使它成为将来北京市都市计划中的有利的，仍为现代所重用的一座纪念性的古代工程。这样由它的物质的特殊和珍贵，形体的朴实雄壮，反映到我们感觉上来，它会丰富我们对北京的喜爱，增强我们民族精神的饱满。

一九五〇年四月二十四日，清华大学

原载于1950年7月《新建设》第2卷第6期

千篇一律与千变万化

梁思成

在艺术创作中，往往有一个重复和变化的问题：只有重复而无变化，作品就必然单调枯燥；只有变化而无重复，就容易陷于散漫零乱。在有"持续性"的作品中，这一问题特别重要。我所谓"持续性"，有些是由于作品或者观赏者由一个空间逐步转入另一空间，所以同时也具有时间的持续性，成为时间、空间的综合的持续。

音乐就是一种时间持续的艺术创作。我们往往可以听到在一首歌曲或者乐曲从头到尾持续的过程中，总有一些重复的乐句、乐段——或者完全相同，或者略有变化。作者通过这些重复而取得整首乐曲的统一性。

音乐中的主题和变奏也是在时间持续的过程中，通过重复和变化而取得统一的另一例子。在舒伯特的《鳟鱼》五重奏中，我们可以听到持续贯串全曲的、极其朴素明朗的"鳟鱼"主题和它的层出不穷的变奏。但是这些变奏又"万变不离其宗"——主题。水波涓涓的伴奏也不断地重复着，使你形象地看到几条鳟鱼在这片伴奏的"水"里悠然自得地游来游去嬉戏,从而使你"知鱼之乐"焉。

舞台上的艺术大多是时间与空间的综合持续。几乎所有的舞蹈都要将同一动作重复若干次,并且往往将动作的重复和音乐的重复结合起来,但在重复之中又给以相应的变化;通过这种重复与变化以突出某一种效果,表达出某一种思想感情。

在绘画的艺术处理上,有时也可以看到这一点。

宋朝画家张择端的《清明上河图》是我们熟悉的名画。它的手卷的形式赋予它以空间、时间都很长的"持续性"。画家利用树木、船只、房屋,特别是那无尽的瓦陇的一些共同特征,重复排列,以取得几条街道(亦即画面)的统一性。当然,在重复之中同时还闪烁着无穷的变化。不同阶段的重点也螺旋式地变换着在画面上的位置,步步引人入胜。画家在你还未意识到以前,就已经成功地以各式各样的重复把你的感受的方向控制住了。

宋朝名画家李公麟在他的《放牧图》中对于重复性的运用就更加突出了。整幅手卷就是无数匹马的重复,就是一首乐曲,用"骑"和"马"分成几个"主题"和"变奏"的"乐章"。表示原野上低伏缓和的山坡的寥寥几笔线条和疏疏落落的几棵孤单的树就是它的"伴奏"。这种"伴奏"（背景）与主题间简繁的强烈对比也是画家惨淡经营的匠心所在。

上面所谈的那种重复与变化的统一在建筑物形象的艺术效果上起着极其重要的作用。古今中外的无数建筑，除去极少数例外，几乎都以重复运用各种构件或其他构成部分作为取得艺术效果的重要手段之一。

就举首都人民大会堂为例。它的艺术效果中一个最突出的因素就是那几十根柱子。虽然在不同的部位上，这一列和另一列柱在高低大小上略有不同，但每一根柱子都是另一根柱子的完全相同的简单重复。至于其他门、窗、檐、额等等，也都是一个个依样葫芦。这种重复却是给予这座建筑以其统一性和雄伟气概的一个重要因素，是它的形象上最突出的特征之一。

历史中最突出的一个例子是北京的明清故宫。从（已被拆除了的）中华门（大明门、大清门）开始就以一间接着一间，重复了又重复的千步廊一口气排列到天安门。从天安门到端门、午门又是一间间重复着的"千篇一律"的朝房。再进去，太和门和太和殿、中和殿、保和殿成为一组的"前三殿"与乾清门和乾清宫、交泰殿、坤宁宫成为一组的"后三殿"的大同小异的重复,就更像乐曲中的主题和"变奏";每一座的本身也是许多构件和构成部分(乐句、乐段)的重复;而东西两侧的廊、庑、楼、门,又是比较低微的,以重复为主但亦有相当变化的"伴奏"。然而整个故宫,它的每一个组群,却全部都是按照明清两朝工部的"工程做法"的统一规格、统一形式建造的,连彩画、雕饰也尽如此,都是无尽的重复,我们完全可以说它们"千篇一律"。

但是,谁能不感到,从天安门一步步走进去,就如同置身于一幅大"手卷"里漫步;在时间持续的同时,空间也连续着"流动"。那些殿堂、楼门、廊庑虽然制作方法千篇一律,然而每走几步,前瞻后顾,左睇右盼,那整个景色、轮廓、光影,却都在不断地改变着;一个接着一个新的画面出现在周围,千变万化。空间与时间、重复与变化的辩证统一在北京故宫中达到了最高的成就。

颐和园里的谐趣园,绕池环览整整三百六十度周圈,也可以看到这点。

至于颐和园的长廊,可谓千篇一律之尤者也。然而正是那目之所及的无尽的重复,才给游人以那种只有它才能给的特殊感受。大胆来个荒谬绝伦的设想:那八百米长廊的几百根柱子，几百根梁坊，一根方，一根圆，一根八角，一根六角……；一根肥，一根瘦，一根曲，一根直……；一根木，一根石，一根铜，一根钢筋混凝土……；一根红，一根绿，一根黄，一根蓝……；一根素净无饰，一根高浮盘龙，一根浅雕卷草，一根彩绘团花……；这样"千变万化"地排列过去，那长廊将成何景象？！！

有人会问：那么走到长廊以前，乐寿堂临湖回廊墙上的花窗不是各具一格，千变万化的吗？是的。就回廊整体来说，这正是一个"大同小异"，大统一中的小变化的问题。既得花窗"小异"之谐趣，无伤回廊"大同"之统一。且先以这样花窗小小变化，作为廊柱无尽重复的"前奏"，也是一种"欲扬先抑"的手法。

翻开一部世界建筑史，凡是较优秀的个体建筑或者组群，一条街道或者一个广场，往往都以建筑物形象重复与变化的统一而取胜。说是千篇一律，却又千变万化。每一条街都是一轴"手卷"、一首"乐曲"。千篇一律和千变万化的统一在城市面貌上起着重要作用。

十二年来，我们规划设计人员在全国各城市的建筑中，在这一点上做得还不能尽满人意。为了多快好省，我们做了大量标准设计，但是"好"中既也包括艺术的一面，就也"百花齐放"。我们有些住宅区的标准设计"千篇一律"到孩子哭着找不到家；有些街道又一幢房子一个样式、一个风格，互不和谐；即使它们本身各自都很美观，放在一起就都"损人"且不"利己"，"千变万化"到令人眼花缭乱。我们既要百花齐放、丰富多彩，却要避免杂乱无章、相互减色；既要和谐统一、全局完整，却要避免千篇一律、单调枯燥。这恼人的矛盾是建筑师们应该认真琢磨的问题。今天先把问题提出，下次再看看我国古代匠师，在当时条件下，是怎样统一这矛盾而取得故宫、颐和园那样的艺术效果的。

原载于1962年5月20日《人民日报》第5版

谈"博"而"精"

梁思成

每一个同学在毕业的时候都要成为一个秀才。但是我们应该怎样去理解"专"的意义呢?"专"不等于把自己局限在一个"牛角尖"里。党号召我们要"一专多能",这"一专"就是"精","多能"就是"博"。既有所专而又多能,既精于一而又博学;这是我们每个人在求学上应有的修养。

求学问需要精,但是为了能精益求精,专得更好就需要博。"博"和"精"不是对立的,而是互相联系着的同一事物的两个方面。假使对于有联系的事物没有一定的知识,就不可能对你所要了解的事物真正地了解。特别是今天的科学技术越来越专门化,而每一专门学科都和许多学科有着不可分割的联系。因此,在我们的专业学习中,为了很好地深入理解某一门学科,就有必要对和它有关的学科具有一定的知识,否则想对本学科真正地深入是不可能的。这是一种中心和外围的关系,这样的"外围基础"是每一门学科所必不可少的。"外围基础"越宽广深厚,就越有利于中心学科之更精更高。

拿土建系的建筑学专业和工业与民用建筑专业来说，由于建筑是一门和人类的生产和生活关系最密切的技术科学，一切生产和生活的活动都必须有房屋，而生产和生活的功能要求是极其多样化的。因此，要使我们的建筑满足各式各样的要求，设计人就必须对这些要求有一定的知识；另一方面，人们对于建筑功能的要求是无止境的，科学技术的不断进步就为越来越大限度地满足这些要求创造出更有利的条件，有利的科学技术条件又推动人们提出更高的要求。如此循环，互为因果地促使建筑科学技术不断地向前发展。到今天，除了极简单的小型建筑可能由建筑师单独设计外，绝大多数建筑设计工作都必须由许多不同专业的工程师共同担当起来。不同工种之间必然存在着种种矛盾，因此就要求各专业工程师对于其他专业都有一定的知识，彼此了解工作中存在的问题，才能够很好地协作，使矛盾统一，汇合成一个完美的建筑整体。

1958年以来设计大剧院、科技馆、博物馆等几项巨型公共建筑，就是由若干系的十几个专业协作共同担当起来的。在这一次真刀真枪的协作中，工作的实际迫使我们更多地彼此了解。通过这一过程，各工种的设计人对有关工种的问题有了了解，进行设计考虑问题也就更全面了；这就促使着自己专业的设计更臻完善。事实证明，"博"不但有助于"精"，而且是"精"的必要条件。闭关自守、固步自封地求"精"就必然会陷入形而上学的泥坑里。

再拿建筑学这一专业来说。它的范围从一个城市的规划到个体建筑乃至细部装饰的设计。城市规划是国民经济和城市社会生活的反映，必须适应生产和生活的全面要求，因此要求规划设计人员对城市的生产和生活——经济和社会情况有深入的知识。每一座个体建筑也是由生产或者生活提出的具体要求而进行设计的。大剧院的设计人员就必须深入了解一座剧院从演员到观众，从舞台到票房，从声、光到暖、通、给排水、机、电以及话剧、京剧、歌舞剧、独唱、交响乐等等各方面的要求。建筑的工程和艺术的双重性又要求设计人员具有深入的工程结构知识和高度艺术修养，从新材料新技术一直到建筑的历史传统和民族特征。这一切都说明"博"是"精"的基础，"博"是"精"的必要条件。为了"精"我们必须长期不懈地培养自己专业的"外围基础"。

必须明确：我们所要的"博"并不是漫无边际的无所不知、无所不晓。"博"可以从两个要求的角度去培养。一方面是以自己的专业为中心的"外围基础"的知识。在这方面既要提防漫无边际,又要提防兴之所至而引入歧途,过分深入地去钻研某一"外围"的问题,钻了"牛角尖"。另一方面是为了个人的文化修养的要求可以对于文学、艺术等方面进行一些业余学习。这可以丰富自己的知识,可以陶冶性灵,是结合劳逸的一种有效且有益的方法。党对这是非常重视的。解放以来出版的大量的文学、艺术图籍,美不胜数的电影、音乐、戏剧、舞蹈演出和各种展览会就是有力的证明。我们应该把这些文娱活动也看作培养我们身心修养的"博"的一部分。

原载于1961年7月28日《新清华》第3版

第二章

无论哪一个巍峨的古城楼,
或一角倾颓的殿基的灵魂里,
无形中都在诉说,乃至于歌唱,
时间上漫不可信的变迁;
由温雅的儿女佳话,到流血成渠的杀戮。

平郊建筑杂录

梁思成　林徽因

北平四郊近二三百年间建筑遗物极多，偶尔郊游，触目都是饶有趣味的古建。其中辽金元古物虽然也有，但是大部分还是明清的遗构；有的是煊赫的"名胜"，有的是消沉的"痕迹"；有的按期受成群的世界游历团的赞扬，有的只偶尔受诗人们的凭吊，或画家的欣赏。

这些美的存在，在建筑审美者的眼里，都能引起特异的感觉，在"诗意"和"画意"之外，还使他感到一种"建筑意"的愉快。这也许是个狂妄的说法——但是，什么叫做"建筑意"？我们很可以找出一个比较近理的定义或解释来。

顽石会不会点头，我们不敢有所争辩，那问题怕要牵涉到物理学家，但经过大匠之手泽，年代之磋磨，有一些石头的确是会蕴含生气的。天然的材料经人的聪明建造，再受时间的洗礼，成美术与历史地理之和，使它不能不引起赏鉴者一种特殊的性灵的融会，神志的感触，这话或者可以算是说得通。

无论哪一个巍峨的古城楼,或一角倾颓的殿基的灵魂里,无形中都在诉说,乃至于歌唱,时间上漫不可信的变迁;由温雅的儿女佳话,到流血成渠的杀戮。他们所给的"意"的确是"诗"与"画"的。但是建筑师要郑重地声明,那里面还有超出这"诗""画"以外的"意"存在。眼睛在接触人的智力和生活所产生的一个结构,在光影可人中,和谐的轮廓,披着风露所赐予的层层生动的色彩;潜意识里更有"眼看他起高楼,眼看他楼塌了"凭吊兴衰的感慨;偶然更发现一片,只要一片,极精致的雕纹,一位不知名匠师的手笔,请问那时锐感,即不叫它做"建筑意",我们也得要临时给它制造个同样狂妄的名词,是不?

建筑审美可不能势利的。大名煊赫,尤其是有乾隆御笔碑石来赞扬的,并不一定便是宝贝;不见经传,湮没在人迹罕至的乱草中间的,更不一定不是一位无名英雄。以貌取人或者不可,"以貌取建"却是个好态度。北平近郊可经人以貌取舍的古建筑实不在少数。摄影图录之后,或考证它的来历,或由村老传说中推测它的过往——可以成一个建筑师为古物打抱不平的事业,和比较有意思的夏假消遣。而他的报酬便是那无穷的"建筑意"的收获。

一　卧佛寺的平面

说起受帝国主义的压迫，再没有比卧佛寺委屈的了。卧佛寺的住持智宽和尚，前年偶同我们谈天，用"叹息痛恨于桓灵"的口气告诉我，他的先师老和尚，如何如何与青年会订了合同，以每年一百元的租金，把寺的大部分租借了二十年，如同胶州湾、辽东半岛的条约一样。

其实这都怪那佛一觉睡几百年不醒，到了这危难的关头，还不起来给老和尚当头棒喝，使他早早觉悟，组织个佛教青年会西山消夏团。虽未必可使佛法感化了摩登青年，至少可借以繁荣了寿安山……不错，那山叫寿安山……又何至等到今年五台山些少的补助，才能修葺开始残破的庙宇呢！

我们也不必怪老和尚，也不必怪青年会……其实还应该感谢青年会。要是没有青年会，今天有几个人会知道卧佛寺那样一个山窝子里的去处。在北方——尤其是北平——上学的人，大半都到过卧佛寺。一到夏天，各地学生们，男的，女的，谁不愿意来消消夏，爬山、游水、骑驴，多么优哉游哉。据说每年夏令会总成全了许多爱人儿们的心愿，想不到睡觉的释迦牟尼，还能在梦中代行月下老人的职务，也真是佛法无边了。

从玉泉山到香山的马路，快近北辛村的地方，有条岔路忽然转北上坡的，正是引导你到卧佛寺的大道。寺是向南，一带山屏障似的围住寺的北面，所以寺后有一部分渐高，一直上了山脚。在最前面，迎着来人的，是寺的第一道牌楼，那还在一条柏荫夹道的前头。当初这牌楼是什么模样，我们大概还能想象，前人做的事虽不一定都比我们强，却是关于这牌楼大概无论如何他们要比我们大方得多。现在的这座只说它不顺眼已算十分客气，不知哪一位和尚化来的酸缘，在破碎的基上，竖了四根小柱子，上面横钉了几块板，就叫它做牌楼。这算是经济萎衰的直接表现，还是宗教力渐弱的间接表现？一时我还不能答复。

顺着两行古柏的马道上去，骤然间到了上边，才看见另外的鲜明的一座琉璃牌楼在眼前。汉白玉的须弥座，三个汉白玉的圆门洞，黄绿琉璃的柱子，横额，斗拱，檐瓦。如果你相信一个建筑师的自言自语，"那是乾嘉间的作法"。至于《日下旧闻考》所记寺前为门的如来宝塔，却已不知去向了。

琉璃牌楼之内，有一道白石桥，由半月形的小池上过去。池的北面和桥的旁边，都有精致的石栏杆，现在只余北面一半，南面的已改成洋灰抹砖栏杆。这也据说是"放生池"，里面的鱼，都是"放"的。佛寺前的池，本是佛寺的一部分，用不着我们小题大做地讲。但是池上有桥，现在虽处处可见，但它的来由却不见得十分古远。在许多寺池上，没有桥的却较占多数。至于池的半月形，也是个较近的做法，古代的池大半都是方的。池的用途多是放生，养鱼。但是刘士能先生告诉我们说南京附近有一处律宗的寺，利用山中溪水为月牙池，和尚们每斋都跪在池边吃，风雪无阻，吃完在池中洗碗。幸而卧佛寺的和尚们并不如律宗的苦行，不然放生池不唯不能放生，怕还要变成脏水坑了。

与桥正相对的是山门。山门之外，左右两旁，是钟鼓楼，从前已很破烂，今年忽然大大地修整起来。连角梁下失去的铜铎，也用二十一号的白铅铁焊上，油上红绿颜色，如同东安市场的国货玩具一样的鲜明。

山门平时是不开的，走路的人都从山门旁边的门道出入。入门之后，迎面是一座天王殿，里面供的是四天王——就是四大金刚——东西梢间各两位对面侍立，明间面南的是光肚笑嘻嘻的阿弥陀佛，面北合十站着的是韦驮。

再进去是正殿，前面是月台，月台上（在秋收的时候）

铺着金黄色的老玉米,像是专替旧殿着色。正殿五间,供三位喇嘛式的佛像。据说正殿本来也有卧佛一躯,雍正还看见过,是旃檀佛像,唐太宗贞观年间的东西。却是到了乾隆年间,这位佛大概睡醒了,不知何时上哪儿去了。只剩了后殿那一位,一直睡到如今,还没有醒。

从前面牌楼一直到后殿,都是建立在一条中线上的。这个在寺的平面上并不算稀奇,罕异的却是由山门之左右,有游廊向东西,再折而向北,其间虽有方丈客室和正殿的东西配殿,但是一气连接,直到最后面又折而东西,回到后殿左右。这一周的廊,东西(连山门和后殿算上)十九间,南北(连方丈配殿算上)四十间,成一个大长方形。中间虽立着天王殿和正殿,却不像普通的庙殿,将全寺用"四合头"式前后分成几进。这是少有的。在这点上,本刊上期刘士能先生在智化寺调查记中说:"唐宋以来有伽蓝七堂之称。惟各宗略有异同,而同在一宗,复因地域环境,互相增省……"现在卧佛寺中院,除去最后的后殿外,前面各堂为数适七,虽不敢说这是七堂之例,但可借此略窥制度耳。

这种平面布置,在唐宋时代很是平常,敦煌画壁里的伽蓝都是如此布置,在日本各地也有飞鸟平安时代这种的遗例。在北平一带（别处如何未得详究），却只剩这一处唐式平面了。所以人人熟识的卧佛寺，经过许多人用帆布床"卧"过的卧佛寺游廊，是还有一点新的理由，值得游人将来重加注意的。

卧佛寺各部殿宇的立面（外观）和断面（内部结构）却都是清式中极规矩的结构，用不着细讲。至于殿前伟丽的娑罗宝树，和树下消夏的青年们所给与你的是什么复杂的感觉，那是各人的人生观问题，建筑师可以不必参加意见。事实极明显的，如东院几进宜于消夏乘凉；西院的观音堂总有人租住；堂前的方池——旧籍中无数记录的方池——现在已成了游泳池，更不必赘述或加任何的注解。

"凝神映性"的池水，用来做锻炼身体之用，在青年会道德观之下，自成道理——没有康健的身体，焉能有康健的精神？——或许！或许！但怕池中的微生物杂菌不甚懂事。

池的四周原有精美的白石栏杆，已拆下叠成台阶，做游人下池的路。不知趣的，容易伤感的建筑师，看了又一阵心酸。其实这不算稀奇，中世纪的教皇们不是把古罗马时代的庙宇当石矿用，采取那石头去修"上帝的房子"吗？这台阶——栏杆——或也不过是将原来离经叛道"崇拜偶像者"的迷信废物，拿去为上帝人道尽义务。"保存古物"，在许多人听去当是一句迂腐的废话。"这年头！这年头！"每个时代都有些人在没奈何时，喊着这句话出出气。

二　法海寺门与原先的居庸关

法海寺在香山之南，香山通八大处马路的西边不远。一个很小的山寺，谁也不会上那里去游览的。寺的本身在山坡上，寺门却在寺前一里多远山坡底下。坐汽车走过那一带的人，怕绝对不会看见法海寺门一类无关轻重的东西的。骑驴或走路的人，也很难得注意到在山谷碎石堆那一点小建筑物。尤其是由远处看，它的颜色和背景非常相似。因此看见过法海寺门的人我敢相信一定不多。

特别留意到这寺门的人，却必定有。因为这寺门的形式是与寻常的极不相同：有圆拱门洞的城楼模样，上边却顶着一座喇嘛式的塔——一个缩小的北海白塔。这奇特的形式，不是中国建筑里所常见。

这圆拱门洞是石砌的。东面门额上题着"敕赐法海禅寺"，旁边陪着一行"顺治十七年夏月吉日"的小字。西面额上题着三种文字，其中看得懂的中文是"唵巴得摩乌室尼渴华麻列吽敉吒"，其他两种或是满蒙各占其一个。走路到这门下，疲乏之余，读完这一行题字也就觉得轻松许多！

门洞里还有隐约的画壁，顶上一部分居然还勉强剩出一点颜色来。由门洞西望，不远便是一座石桥，微拱地架过一道山沟，接着一条山道直通到山坡上寺的本身。

门上那座塔的平面略似十字形而较复杂。立面分多层，中间束腰石色较白，刻着生猛的浮雕狮子。在束腰上枋以上，各层重叠像阶级，每级每面有三尊佛像。每尊佛像带着背光，成一浮雕薄片，周围有极精致的琉璃边框。像脸不带色釉，眉目口鼻均伶俐秀美，全脸大不及寸余。座上便是塔的圆肚，塔肚四面四个浅龛，中间坐着浮雕造像，刻工甚俊。龛边亦有细刻。更上是相轮（或称刹），刹座刻作莲瓣，外廓微作盆形，底下还有小方十字座。最顶尖上有仰月的教徽。仰月徽去夏还完好，今秋已掉下。据乡人说是八月间大风雨吹掉的，这塔的破坏于是又进了一步。

这座小小带塔的寺门，除门洞上面一围砖栏杆外，完全是石造的。这在中国又是个少有的例。现在塔座上斜长着一棵古劲的柏树，为塔门增了不少的苍姿，更像是做它的年代的保证。为塔门保存计，这种古树似要移去的。怜惜古建的人到了这里真是彷徨不知所措；好在在古物保存如许不周到的中国，这忧虑未免神经过敏！

法海寺门特点却并不在上述诸点，石造及其年代等等，主要的却是它的式样与原先的居庸关相类似。从前居庸关上本有一座塔的，但因倾颓已久，无从考其形状。不想在平郊竟有这样一个发现。虽然在《日下旧闻考》里法海寺只占了两行不重要的位置；一句轻淡的"门上有小塔"，在研究居庸关原状的立脚点看来，却要算个重要的材料了。

三 杏子口的三个石佛龛

由八大处向香山走，出来不过三四里，马路便由一处山口里开过。在山口路转第一个大弯，向下直趋的地方，马路旁边，微偻的山坡上，有两座小小的石亭。其实也无所谓石亭，简直就是两座小石佛龛。两座石龛的大小稍稍不同，而他们的背面却同是不客气地向着马路。因为他们的前面全是向南，朝着另一个山口——那原来的杏子口。

在没有马路的时代，这地方才不愧称做山口。在深入三四十尺的山沟中，一道唯一的蜿蜒险狭的出路；两旁对峙着两堆山，一出口则豁然开朗一片平原田壤，海似的平铺着，远处浮出同孤岛一般的玉泉山，托住山塔。这杏子口的确有小规模的"一夫当关，万夫莫敌"的特异形势。两石佛龛既据住北坡的顶上，对面南坡上也立着一座北向的，相似的石龛，朝着这山口。由石峡底下的杏子口往上看，这三座石龛分峙两崖，虽然很小，却顶着一种超然的庄严，镶在碧澄澄的天空里，给辛苦的行人一种神异的快感和美感。

现时的马路是在北坡两龛背后绕着过去，直趋下山。因其逼近两龛，所以驰车过此地的人，绝对要看到这两个特别的石亭子的。但是同时因为这山路危趋的形势，无论是由香山西行，还是从八大处东去，谁都不愿冒险停住快驶的汽车去细看这么几个石佛龛子。于是多数的过路车客，全都遏制住好奇爱古的心，冲过去便算了。

假若作者是个细看过这石龛的人，那是因为他是例外，遏止不住他的好奇爱古的心，在冲过便算了不知多少次以后发誓要停下来看一次的。那一次也就不算过路，却是带着照相机去专程拜谒；且将车驶过那危险的山路停下，又步行到龛前后去瞻仰丰采的。

在龛前，高高地往下望着那刻着几百年车辙的杏子口石路，看一个小泥人大小的农人挑着担过去，又一个带朵鬓花的老婆子，夹着黄色包袱，弯着背慢慢地踱过来，才能明白这三座石龛本来的使命。如果这石龛能够说话，他们或不能告诉得完他们所看过经过杏子口底下的图画——那时一串骆驼正在一个跟着一个的，穿出杏子口转下一个斜坡。

北坡上这两座佛龛是并立在一个小台基上，它们的结构都是由几片青石片合成——每面墙是一整片，南面有门洞，屋顶每层檐一片。西边那座龛较大，平面约一米余见方，高约二米。重檐，上层檐四角微微翘起，值得注意。东面墙上有历代的刻字，跑着的马，人脸的正面等等。其中有几个年月人名，较古的有"承安五年四月廿三日到此"，和"至元九年六月十五日□□□贾智记"。承安是金章宗年号，五年是公元一二〇〇年。至元九年是元世祖的年号，元顺帝的至元到六年就改元了，所以是公元一二七二年。这小小的佛龛，至迟也是金代遗物，居然在杏子口受了七百多年以上的风雨，依然存在。当时巍然顶在杏子口北崖上的神气，现在被煞风景的马路贬到盘坐路旁的谦抑；但它们的老资格却并不因此减损，那种倚老卖老的倔强，差不多是傲慢冥顽了。西面墙上有古拙的画——佛像和马——那佛像的样子，骤看竟像美洲土人的Totem-Pole。

龛内有一尊无头趺坐的佛像，虽像身已裂，但是流利的衣褶纹，还有"南宋朝"的遗风。

台基上东边的一座较小，只有单檐，墙上也没字画。龛内有小小无头像一躯，大概是清代补作的。这两座都有苍绿的颜色。

台基前面有宽二米长四米余的月台，上面的面积勉强可以叩拜佛像。

南崖上只有一座佛龛，大小与北崖上小的那座一样。三面做墙的石片，已成纯厚的深黄色，像纯美的烟叶。西面刻着双钩的"南"字，南面"无"字，东面"佛"字，都是径约八分米。北面开门，里面的佛像已经失了。

这三座小龛，虽不能说是真正的建筑遗物，也可以说是与建筑有关的小品。不止诗意画意都很充足，"建筑意"更是丰富，实在值得停车一览。至于走下山坡到原来的杏子口里往上真真瞻仰这三龛本来庄严峻立的形势，更是值得。

关于北平掌故的书里，还未曾发现有关于这三座石佛龛的记载。好在对于它们年代的审定，因有墙上的刻字，已没有什么难题。所可惜的是它们渺茫的历史无从参考出来，为我们的研究增些趣味。

原载于1932年《中国营造学社汇刊》第3卷第4期

平郊建筑杂录（续）

梁思成　林徽因

四　天宁寺塔建筑年代之鉴别问题

一年来，我们在内地各处跑了些路，反倒和北平生疏了许多，近郊虽近，在我们心里却像远了一些，北平广安门外天宁寺塔的研究的初稿竟然原封未动。许多地方竟未再去图影实测，一年半前所关怀的平郊胜迹，那许多美丽的塔影，城角，小楼，残碣于是全都淡淡地，委曲地在角落里初稿中尽睡着下去。

我们想国内爱好美术古迹的人日渐增加，爱慕北平名胜者更是不知凡几，或许对于如何鉴别一个建筑物的年代也常有人感到兴趣，我们这篇讨论天宁寺塔的文字或可供研究者的参考。

关于天宁寺塔建造的年代，据一般人的传说及康熙乾隆的碑记，多不负责地指为隋建，但依塔的式样来做实物的比较，将全塔上下各部逐件指点出来，与各时代其他砖塔对比，再由多面引证反证所有关于这塔的文献，谁也可以明白这塔之绝对不能是隋代原物。

国内隋唐遗建，纯木者尚未得见，砖石者亦大罕贵，但因其为佛教全盛时代，常留大规模的图画雕刻散迹于各处，如敦煌、云冈、龙门等，其艺术作风，建筑规模，或花纹手法，则又为研究美术者所熟审。宋辽以后遗物虽有不载朝代年月的，可考者终是较多，且同时代，同式样，同一作风的遗物亦较繁伙，互相印证比较容易。故前人泥于可疑的文献，相传某物为某代原物的，今日均不难以实物比较方法，用科学考据态度，重新探讨，辩证其确实时代。这本为今日治史及考古者最重要亦最有趣的工作。

我们的《平郊建筑杂录》，本预定不录无自己图影或测绘的古迹，且均附游记，但是这次不得不例外。原因是《艺术周刊》已预告我们的文章一篇，一时因图片关系交不了卷，近日这天宁寺又尽在我们心里欠伸活动，再也不肯在稿件中间继续睡眠状态，所以决意不待细测全塔，先将对天宁寺简略的考证及鉴定，提早写出，聊作我们对于鉴别建筑年代方法程序的意见，以供同好者的参考。希望各处专家读者给以指正。

广安门外天宁寺塔，是属于那种特殊形式，研究塔者竟有常直称其为"天宁式"的，因为此类塔散见于北方各地，自成一派，天宁则又是其中最著者。此塔不仅是北平近郊古建遗迹之一，且是历来传说中，颇多误认为隋朝建造的实物。但其塔型显然为辽金最普通的式样，细部手法亦均未出宋辽规制范围，关于塔之文献方面材料又全属于可疑一类，直至清代碑记，及《顺天府志》等，始以坚确口气直称其为隋建。传说塔最上一层南面有碑，关于其建造年代，将来或可在这碑上找到最确实的明证，今姑分文献材料及实物作风两方面讨论之。讨论之前，先略述今塔的形状如下。

简略地说，塔的平面为八角形，立面显著的分三部：一，繁复之塔座；二，较塔座略细之第一层塔身；三，以上十三层支出的密檐。全塔砖造高57.80米，合国尺17丈有奇。

塔建于一方形大平台之上，平台之上始立八角形塔座。座甚高，最下一部为须弥座，其"束腰"有壸门花饰，转角有浮雕像。此上又有镂刻着壸门浮雕之束腰一道。最上一部为勾栏斗拱俱全之平座一围，阑上承三层仰翻莲瓣。

第一层塔身立于仰莲座之上，其高度几等于整个塔座，四面有拱门及浮雕像，其他四面又各有直棂窗及浮雕像。此段塔身与其上十三层密檐是划然成塔座以上的两个不同部分，十三层密檐中，最下一层是属于这第一层塔身的，出檐稍远，檐下斗栱亦与上层稍稍不同。

上部十二层，每层仅有出檐及斗栱，各层重叠不露塔身。宽度则每层向上递减，递减率且向上增加，使塔外廓作缓和之卷杀。

塔各层出檐不远，檐下均施双杪斗栱。塔的转角为立柱，故其主要的柱头铺作，亦即为其转角铺作。在上十二层两转角间均用补间铺作两朵。唯有第一层只用补间铺作一朵。第一层斗栱与上各层做法不同之处在转角及补间均加用斜栱一道。

塔顶无刹，用两层八角仰莲，上托小须弥座，座承宝珠。塔纯为砖造，内心并无梯级可登。

历来关于天宁寺的文献，《日下旧闻考》中，殆已搜集无遗，计有《神州塔传》《续高僧传》《广宏明集》《帝京景物略》《长安客话》《析津日记》《隩志》《艮斋笔记》《明典汇》《冷然志》及其他关于这塔的记载，以及乾隆重修天宁寺碑文及各处许多的诗（康熙天宁寺《礼塔碑记》并未在内）。所收材料虽多，但关于现存砖塔建造的年代，则除却年代最后的那个乾隆碑之外，综前代的文献中，无一句有确实性的明文记载。

不过《顺天府志》将《日下旧闻考》所集的各种记述，竟然自由草率地综合起来，以确定的语气说："寺为元魏所造，隋为宏业，唐为天王，金为大万安，寺当元末兵火荡尽，明初重修，宣德改曰天宁，正统更名广善戒坛，后复今名，……寺内隋塔高二十七丈五尺五寸……"等。

按《日下旧闻》中文多重复抄袭及迷信传述，有朝代年月，及实物之记载的，有下列重要的几段。

（一）《神州塔传》："隋仁寿间幽州宏业寺建塔藏舍利。"此书在文献中年代大概最早，但传中并未有丝毫关于塔身形状材料位置之记述，故此段建塔的记载，与现存砖塔的关系完全是疑问的。仁寿间宏业寺建塔，藏舍利，并不见得就是今天立着的天宁寺塔，这是很明显的。

（二）《续高僧传》："仁寿下敕召送舍利于幽州宏业寺，即元魏孝文之所造，旧号光林……自开皇末，舍利到前，山恒倾摇……及安塔竟，山动自息。……"《续高僧传》，唐时书，亦为集中早代文献之一。按此则隋开皇中"安塔"，但其关系与今塔如何则仍然如《神州塔传》一样，只是疑问的。

（三）《广宏明集》："仁寿二年分布舍利五十一州，建立灵塔。幽州表云，三月二十六日，于宏业寺安置舍利，……"这段仅记安置舍利的年月也是与上两项一样的与今塔（即现存的建筑物）并无确实关系。

（四）《帝京景物略》："隋文帝遇阿罗汉授舍利一囊……乃以七宝函致雍岐等十三州建一塔，天宁寺其一也，塔高十三寻，四周缀铎万计，……塔前一幢，书体遒美，开皇中立。"这是一部明末的书，距隋已隔许多朝代。在这里我们第一次见到隋文帝建塔藏舍利的历史与天宁寺塔串在一起的记载。据文中所述高十三寻缀铎的塔，颇似今存之塔，但这高十三寻缀铎的塔，是否即隋文帝所建，则仍无根据。此书行世在明末，由隋至明这千年之间，除唐以外，辽金元对此塔既无记载，隋文帝之塔，本可几经建造而不为此明末作者所识。且六朝及早唐之塔，据我们所知道的，如《洛阳伽蓝记》所述之"胡太后塔"，及日本现存之京都法隆寺塔，均是木构。且我们所见的邓州大兴国寺，仁寿二年的舍利宝塔下铭，铭石圆形，亦像是埋在木塔之"塔心柱"下那块圆础下层石，这使我们疑心仁寿分布诸州之舍利塔均为隋时最普遍之木塔，这明末作者并不及见那木构原物，所谓十三寻缀铎的塔倒是今日的砖塔。至于开皇石幢,据《析津日记》(亦明人书)所载,则早已失所在。

(五)《析津日记》:"寺在元魏为光林,在隋为宏业;在唐为天王,在金为大万安,宣德修之曰天宁,正统中修之曰万寿戒坛,名凡数易。访其碑记,开皇石幢已失所在,即金元旧碣亦无片石矣。盖此寺本名宏业,而王元美谓幽州无宏业,刘同人谓天宁之先不为宏业,皆考之不审也。"

《析津日记》与《帝京景物略》同为明人书,但其所载"天宁之先不为宏业?"及"考之不审也"这种疑问态度与《帝京景物略》之武断恰恰相反,且作者"访其碑记"要寻"金元旧碣"对于考据之慎重亦与《景物略》不同,这个记载实在值得注意。

(六)《隩志》:不知明代何时书,似乎较以上两书稍早。文中:"天王寺之更名天宁也,宣德十年事也;今塔下有碑勒更名敕,碑阴则正统十年刊行藏经敕也。碑后有尊胜陀罗尼石幢,辽重熙十七年五月立。"

此段记载,性质确实之外,还有个可注意之点,即辽重熙年号及刻有此年号之实物,在此轻轻提到,至少可以证明两桩事:(1)辽代对于此塔亦有过建设或增益;(2)此段历史完全不见记载,乃至于完全失传。

(七)《长安客话》:"寺当元末兵火荡尽;文皇在潜邸,

命所司重修。姚广孝曾居焉。宣德间敕更今名。"这段所记"寺当元末兵火荡尽",因下文重修及"姚广孝曾居焉"等语气,似乎所述仅限于寺院,不及于塔。如果塔亦荡尽,文皇(成祖)重修时岂不还要重建塔?如果真的文皇曾重建个大塔则作者对于此事当不止用"命所司重修"一句。且《长安客话》距元末,至少已两百年,兵火之后到底什么光景,那作者并不甚了了,他的注意处在夸扬文皇在潜邸重修的事耳。

(八)《冷然志》:书的时代既晚,长篇的描写对于塔的神话式来源又已取坚信态度,更不足凭信。不过这里认塔前有开皇幢,或为辽重熙幢之误。

关于天宁寺的文献,完全限于此种疑问式的短段记载。至于康熙乾隆长篇的碑文,虽然说得天花乱坠,对于天宁寺过去的历史,似乎非常明白,毫无疑问之处,但其所根据,也只是限于我们今日所知道的一把疑云般的不完全的文献材料,其确实性根本不能成立。且综以上文献看来,唐以后关于塔只有明末清初的记载,中间要紧的各朝代经过,除辽重熙立过石幢,金大定易名大万安禅寺外,并无一点记述,今塔的真实历史在文献上可以说并无把握。

文献资料既如上述的不完全,不可靠,我们唯有在形式上鉴定其年代。这种鉴别法,完全赖观察及比较工作所得的经验,如同鉴定字画金石陶瓷的年代及真伪一样,虽有许多为绝对的,且可以用文字笔墨形容之点,也有一些是较难,乃至不能言传的,只好等观者由经验去意会。

其可以言传之点,我们可以分作两大类去观察:(1)整个建筑物之形式(也可以说是图案之概念);(2)建筑各部之手法或作风。

关于图案概念一点,我们可以分作平面及立面讨论。唐以前的塔,我们所知道的,平面差不多全作正方形。实物如西安大雁塔、小雁塔、玄奘塔、香积寺塔、嵩山永泰寺塔及房山云居寺四个小石塔……河南山东无数唐代或以前高僧墓塔,如山东神通寺四门塔、灵岩寺法定塔、嵩山少林寺法玩塔等等。刻绘如云冈、龙门石刻、敦煌壁画等等,平面都是作正方形的。我们所知的唯一的例外,在唐以前的,唯有嵩山嵩岳寺塔,平面作十二角形,这十二角形平面,不唯在唐以前是例外,就是在唐以后,也没有第二个,所以它是个例外之最特殊者,是中国建筑史中之独例。除此以外,则直到中唐或晚唐,方有非正方形平面的八角形塔出现,这个罕贵的遗物即嵩山会善寺净藏禅师塔。按禅师于天宝五年圆寂，这塔的兴建，绝不会在这年以前，这塔短稳古拙，亦是孤例，而比这塔还古的八角形平面塔，除去天宁寺——假设它是隋建的话——别处还未得见过。在我们今日，觉得塔的平面或作方形，或作多角形，没甚奇特。但是一个时代的作者，大多数跳不出他本时代盛行的作风或规律以外的——建筑物尤甚——所以生在塔平面作方形的时代，能做出一个平面不作方形的塔来，是极罕有的事。

至于立面方面我们请先看塔全个的轮廓之所以形成。天宁寺的塔，是在一个基坛之上立须弥座，须弥座上立极高的第一层，第一层以上有多层密而扁的檐的。这种第一层高，以上多层扁矮的塔，最古的例当然是那十二角形嵩山嵩岳寺塔，但除它而外，是须到唐开元以后才见有那类似的做法，如房山云居寺四小石塔。在初唐期间，砖塔的做法，多如大雁塔一类各层均等递减的。但是我们须注意，唐以前的这类上段多层密檐塔，不唯是平面全作方形而且第一层之下无须弥座等等雕饰，且上层各檐是用砖层层垒出，不施斗拱，其所呈的外表，完全是两样的。

所以由平面及轮廓看来，竟可证明天宁寺塔为隋代所建之绝不可能，因为唐以前的建筑师就根本没有这种塔的观念。

至于建筑各部的手法作风,则更可以辅助着图案概念方面不足的证据,而且往往更可靠,更易于鉴别。我们不妨详细将这塔的每个部分提出审查。

建筑各部构材,在中国建筑中占位置最重要的,莫过于斗栱。斗栱演变的沿革,差不多就可以说是中国建筑结构法演变史。在看多了的人,差不多只需一看斗栱,对一座建筑物的年代,便有七八分把握。建筑物之用斗栱,据我们所知道的,是由简而繁。砖塔石塔最古的例如北周神通寺四门塔及东魏嵩岳寺十二角十五层塔,都没有斗栱。次古的如西安大雁塔及香积寺砖塔,皆属初唐物,只用斗而无栱。与之略同时或略后者如西安兴教寺玄奘塔,则用简单的一斗三升交蚂蚱头在柱头上。直至会善寺净藏塔,我们始得见简单人字栱的补间铺作。神通寺龙虎塔建于唐末,只用双杪偷心华栱。真正用砖石来完全模仿成朵复杂的斗栱的,至五代宋初始见,其中便是如我们所见的许多"天宁式"塔。此中年代确实的有辽天庆七年的房山云居寺南塔,金大定二十五年的正定临济寺青塔,辽道宗太康六年(公元1079年)的涿县普寿寺塔,见本刊本期刘士能先生《河北省西部古建筑调查记略》,还有蓟县白塔,等等。在那时候还有许多砖塔的斗栱是木质的,如杭州雷峰塔、保俶塔、六和塔等等。

天宁寺塔的斗拱，最下层平坐，用华拱两跳偷心，补间铺作多至三朵。主要的第一层，斗拱出两跳华拱，角柱上的转角铺作，在大斗之旁，有附角斗，补间铺作一朵，用四十五度斜拱。这两个特点，都与大同善化寺金代的三圣殿相同。第二层以上，则每面用补间铺作两朵；补间铺作之繁重，亦与转角铺作相埒，都是出华拱两跳，第二跳偷心的。就我们所知，唐以前的建筑，不唯没有用补间铺作两朵的，而且虽用一朵，亦只极简单，纯处于辅材的地位的直斗或人字拱等而已。就斗拱看来，这塔是绝对不能早过辽宋时代的。

承托斗拱的柱额，亦极清楚地表示它的年代。我们只须一看年代确定的唐塔或六朝塔，凡是用倚柱的，如嵩岳寺塔，玄奘塔，净藏塔，都用八角形（或六角？）柱，虽然有一两个用扁柱的，如大雁塔，却是显然不模仿圆或角柱形。圆形倚柱之用在砖塔，唐以前虽然不能定其必没有，而唐以后始盛行。天宁寺塔的柱，是圆的。这圆柱之上，有额枋，额枋在角柱上出头处，斫齐如辽建中所常见，蓟县独乐寺，大同下华岩寺都有如此的做法。额枋上的普拍枋，更令人疑它年代之不能很古，因为唐以前的建筑，十之八九不用普拍枋，上文所举之许多例，率皆如此。但自宋辽以后，普拍枋已占了重要位置。这额枋与普拍枋，虽非绝对证据，但亦表示结构是辽金以后而又早于元时的极高可能性。

在天宁寺塔的四正面有圆拱门，四隅面有直棂窗。这诚然都是古制，尤其直棂窗，那是宋以后所少用。但是圆门券上，不用火焰形券饰，与大多数唐代及以前佛教遗物异其趣旨。虽然，其上浮雕璎珞宝盖略作火焰形，疑原物或照古制，为重修时所改。至于门扇上的菱花格棂，则尤非宋以前所曾见，唐五代砖石各塔的门及敦煌画壁中我们所见的都是钉门钉的板门。

栏杆的做法，又予我们以一个更狭的年代范围。现在常见的明清栏杆，都是每两栏板之间立一望柱的。宋元以前，只在每面转角处立望柱而"寻杖"特长。天宁寺塔便是如此，这可以证明它是明代以前的形制。这种的栏杆，均用斗子蜀柱分隔各栏板，不用明清式的荷叶墩。我们所知道的辽金塔，斗子蜀柱都做得非常清楚，但这塔已将原形失去，斗子与柱之间，只马马虎虎地用两道线条表示，想是后世重修时所改。至于栏板上的几何形花纹，已不用六朝隋唐所必用的特种卍字纹，而代以较复杂者。与蓟县独乐寺观音阁内栏板及大同华岩寺壁藏上栏板相同。凡此种种，莫不倾向着辽金原形而又经明清重修的表示。

平坐斗拱之下，更有间柱及壶门。间柱的位置，与斗拱不相对，其上力神像当在下文讨论。壶门的形式及其起线，软弱柔圆，不必说没有丝毫六朝刚强的劲儿，就是与我们所习见的宋代扁桃式壶门也还比不上其健稳。我们的推论，也以为是明清重修的结果。

至于承托这整个塔的须弥座，则上枋之下用枭混，而我们所见过的须弥座，自云冈龙门以至辽宋遗物，无一不是层层方角迭出，间或用四十五度斜角线者。枭混之用，最早也过不了五代末期，若说到隋，那更是绝不可能的事。

关于雕刻，在第一主层上，夹门立天王，夹窗立菩萨，窗上有飞天，只要将中国历代雕刻遗物略看一遍，便可定其大略的年代。由北魏到隋唐的佛像飞天，到宋辽塑像画壁，到元明清塑刻，刀法笔意及布局姿势，莫不清清楚楚地可以顺着源流鉴别的。若与隋唐的比较，则山东青州云门山，山西天龙山，河南龙门，都有不少的石刻。这些相距千里的约略同时的遗作，都有几个或许多共同之点，而绝非天宁寺塔像所有。近来有人竟说塔中造像含有犍陀罗风，其实隋代石刻，虽在中国佛教美术中算是较早期的作品，但已将南北朝时所含的犍陀罗风味摆脱得一干二净，而自成一种淳朴古拙的气息。而天宁寺塔上更是绝没有犍陀罗风味的。

至于平坐以下的力神、狮子和垫拱板上的卷草西番莲一类的花纹，我想勉强说它是辽金的作品，还不甚够资格，恐怕仍是经过明清照原样修补的，虽然各像衣褶，仍较清全盛时单纯静美，无后代繁褥云朵及俗气逼人的飘带。但窗楣上部之飞仙已类似后来常见之童子，与隋唐那些脱尽人间烟火气的飞天，不能混作一谈。

综上所述，我们可以断定天宁寺塔绝对绝对不是隋宏业寺的原塔。而在年代确定的砖塔中，有房山云居寺辽代南塔与之最相似，此外涿县普寿寺辽塔及确为辽金而年代未经记明的塔如云居寺北塔、通州塔及辽宁境内许多的砖塔，式样手法都与之相仿佛。正定临济寺金大定二十五年的青塔也与之相似，但较之稍清秀。

与之采同式而年代较后者有安阳天宁寺八角五层砖塔，虽无正确的文献纪其年代，但是各部作风纯是元明以后法式。北平八里庄慈寿寺塔，建于明万历四年，据说是仿照天宁寺塔建筑的，但是细查其各部，则斗拱，檐椽，格棂，如意头，莲瓣，栏杆（望柱极密），平坐，枭混，圭脚——

由顶至踵，无一不是明清官式则例。

所以天宁寺塔之年代，在这许多类似砖塔中比较起来，我们可暂时假定它与云居寺南塔时代约略相同，是辽末（十二世纪初期）的作品，较之细瘦之通州塔及正定临济寺青塔稍早，而其细部则有极晚之重修。在未得到文献方面更确实证据之前，我们仅能如此鉴定了。

我们希望"从事美术"的同志们，对于史料之选择及鉴别，须十分慎重，对于实物制度作风之认识尤绝不可少，单凭一座乾隆碑，追述往事，便认为确实史料，则未免太不认真，以前的皇帝考古家尽可以自由浪漫地记述，在民国二十四年以后一个老百姓美术家说句话都得负得起责任的。

最后我们要向天宁寺塔赔罪，因为急于辩证它的建造年代，我们竟不及提到塔之现状，其美丽处，如其隆重的权衡，淳和的色斑，及其他细部上许多意外的美点，不过无论如何天宁寺塔也绝不会因其建造时代之被证实，而减损其本身任何的价值的。喜欢写生者只要不以隋代古建，唐人作风目之，误会宣传此塔之古，则当仍是写生的极好题材。

原载于1935年《中国营造学社汇刊》第5卷第4期

晋汾古建筑预查纪略

梁思成　林徽因

去夏乘暑假之便，作晋汾之游。汾阳城外峪道河，为山右绝好消夏的去处；地据白彪山麓，因神头有"马跑神泉"，自从宋太宗的骏骑蹄下踢出甘泉，救了干渴的三军，这泉水便没有停流过，千年来为沿溪数十家磨坊供给原动力，直至电气磨机在平遥创立了山西面粉业的中心，这源源清流始闲散地单剩曲折的画意。辘辘轮声既然消寂下来，而空静的磨坊，便也成了许多洋人避暑的别墅。

说起来中国人避暑的地方，哪一处不是洋人开的天地，北戴河、牯岭、莫干山……所以峪道河也不是例外。其实去年在峪道河避暑的，除去一位娶英籍太太的教授和我们外，全体都是山西内地传教的洋人，还不能说是中国人避暑的地方呢。在那短短的十几天，令人大有"人何寥落"之感。

以汾阳峪道河为根据，我们曾向邻近诸县作了多次的旅行，计停留过八县地方，为太原、文水、汾阳、孝义、介休、零石、霍县、赵城,其中介休至赵城间三百余里,因同蒲铁路正在炸山兴筑,公路多段被毁,故大半竟至徒步,滋味尤为浓厚。餐风宿雨,两周艰苦简陋的生活,与寻常都市相较,至少有两世纪的分别。我们所参诣的古构,不下三四十处,元明遗物,随地遇见,现在仅择要纪述。

汾阳县 峪道河 龙天庙

在我们住处,峪道河的两壁山崖上,有几处小小庙宇。东崖上的实际寺,以风景幽胜著名。神头的龙王庙,因马跑泉享受了千年的烟火,正殿前有拓黑了的宋碑,为这年代的保证,这碑也就是庙里唯一的"古物"。西岩上南头有一座关帝庙,几经修建,式样混杂,别有趣味。北头一座龙天庙,虽然在年代或结构上并无可以惊人之处,但秀整不俗,我们却可以当它作山西南部小庙宇的代表作品。

龙天庙在西岩上,庙南向,其东边立面,厢庑后背,钟楼及围墙,成一长线剪影,隔溪居高临下,隐约白杨间。在斜阳掩映之中,最能引起沿溪行人的兴趣。山西庙宇的远景,无论大小都有两个特征:一是立体的组织,权衡俊美,各部参差高下,大小相依附,从任何视点望去均恰好处；一是在山西，砖筑或石砌物，斑彩淳和，多带红黄色，在日光里与山冈原野同醉，浓艳夺人，尤其是在夕阳西下时，砖石如染，远近殷红映照，绮丽特甚。在这两点上，龙天庙亦非例外。谷中外人三十年来不识其名，但据这种印象，称这庙做"落日庙"并非无因的。

庙周围土坡上下有盘旋小路，坡孤立如岛，远距村落人家。庙前本有一片松柏，现时只剩一老松，孤傲耸立，缄默如同守卫将士。庙门镇日闭锁，少有开时，苟遇一老人耕作门外，则可暂借锁钥，随意出入；本来这一带地方多是道不拾遗，夜不闭户的，所谓锁钥亦只余一条铁钉及一种形式上的保管手续而已。这现象竟亦可代表山西内地其他许多大小庙宇的保管情形。

庙中空无一人，蔓草晚照，伴着殿庑石级，静穆神秘，如在画中。两厢为"窑"，上平顶，有砖级可登，天晴日美时，周围风景全可入览。此带山势和缓，平趋连接汾河东西区域；远望绵山峰峦，竟似天外烟霞，但傍晚时，默立高处，实不禁古原夕阳之感。近山各处全是赤土山级，层层平削，像是出自人工；农民多辟洞"穴居"耕种其上。麦黍赤土，红绿相间成横层，每级土崖上所辟各穴，远望似平列桥洞，景物自成一种特殊风趣。沿溪白杨丛中，点缀土筑平屋小院及磨坊,更显错落可爱。

龙天庙的平面布置南北中线甚长,南面围墙上辟山门。门内无照壁,却为戏楼背面。山西中部南部我们所见的庙宇多附属戏楼,在平面布置上没有向外伸出的舞台。楼下部实心基坛,上部三面墙壁,一面开敞,向着正殿,即为戏台。台正中有山柱一列,预备挂上帷幕可分成前后台。楼左阙门,有石级十余可上下。在龙天庙里,这座戏楼正堵截山门入口处成一大照壁。

转过戏楼,院落甚深,楼之北,左右为钟鼓楼,中间有小小牌楼,庭院在此也高起两三级划入正院。院北为正殿,左右厢房为砖砌窑屋各三间,前有廊檐,旁有砖级,可登屋顶。山西乡间穴居仍盛行,民居喜砌砖为窑(即券洞),庙宇两厢亦多砌窑以供僧侣居住。窑顶平台均可从窑外梯级上下。此点酷似墨西哥红印人之叠层土屋,有立体堆垒组织之美。钟鼓楼也以发券的窑为下层台基,上立木造方亭,台基外亦设砖级,依附基墙,可登方亭。全建筑物以砖造部分为主,与他省木架钟鼓楼异其风趣。

正殿前廊外尚有一座开敞的过厅,紧接廊前称"献食棚"。这个结构实是一座卷棚式过廊,两山有墙而前后檐柱间开敞,没有装修及墙壁。它的功用则在名义上已很明了,不用赘释了。在别省称祭堂或前殿的，与正殿都有相当的距离，而且不是开敞的，这献食棚实是祭堂的另一种有趣的做法。

龙天庙里的主要建筑物为正殿。殿三间，前出廊，内供龙天及夫人像。按廊下清乾隆十二年碑说：

> 龙天者，介休令贾侯也。公讳浑，晋惠帝永兴元年，刘元海……攻陷介休，公……死而守节，不愧青天。后人……故建庙崇祀，……像神立祠，盖自此始矣。……

这座小小正殿，"前廊后无廊"，本为山西常见的做法，前廊檐下用硕大的斗拱，后檐却用极小，乃至不用斗拱，将前后不均齐的配置完全表现在外面，是河北省所不经见的，尤其是在旁面看其所呈现象，颇为奇特。

至于这殿，按乾隆十二年"重增修龙天庙碑记"说：

> 按正殿上梁所志系元季丁亥元顺帝至正七年（公元1347年）重建。

> 正殿三小间，献食棚一间，东西厦窑二眼，殿旁两小房二间，乐楼三间。……鸠工改修，计正殿三大间，献食棚三间，东西窑六眼，殿旁东西房六间，大门洞一座……零余银备异日牌楼钟鼓楼之费。……

所以我们知道龙天庙的建筑，虽然曾经重建于元季，但是现在所见，竟全是乾、嘉增修的新构。

殿的构架，由大木上说，是悬山造，因为各檩头皆伸出到柱中线以外甚远；但是由外表上看，却似硬山造，因为山墙不在山柱中线上，而向外移出，以封护檩头。这种做法亦为清代官式建筑所无。

这殿前檐的斗拱，权衡甚大，斗拱之高，约及柱高之四分之一；斗拱之布置，亦极疏朗，当心间用补间铺作一朵，次间不用。当心间左右两柱头并补间铺作均用四十五度斜拱。柱身微有卷杀；阑额为月梁式；普拍枋宽过阑额。这许多特征，在河北省内唯在宋元以前建筑乃得见；但在山西，明末清初比比皆是，但细查各拱头的雕饰，则光怪陆离，绝无古代沉静的气味；两平柱上的丁头拱（清称雀替），且刻成龙头象头等形状。

殿内梁架所用梁的断面，亦较小于清代官式的规定，且所用驼峰，替木，叉手，等等结构部分，都保留下古代的做法，而在清式中所不见的。

全殿最古的部分是正殿匾牌。这牌的牌首，牌带，牌舌，皆极奇特，与古今定制都不同，不知是否原物，虽然牌面的年代是确无可疑的。

汾阳县 大相村 崇胜寺

由太原至汾阳公路上，将到汾阳时，便可望见路东南百余米处，耸起一座庞大的殿宇，出檐深远，四角用砖筑立柱支着，引人注意。由大殿之东，进村之北门，沿寺东墙外南行颇远，始到寺门。寺规模宏敞，连山门一共六进。山门之内为天王门，天王门内左右为钟鼓楼，后为天王殿，天王殿之后为前殿，正殿（毗卢殿）及后殿（七佛殿）。除去第一进院之外，每院都有左右厢，在平面布置上，完全是明清以后的式样，而在构架上，则差不多各进都有不同的特征，明初至清末各种的式样都有代表"列席"。在建筑本身以外，正殿廊前放着一造像碑，为北齐天保三年物。

天王殿正中弘治元年（公元1488年）碑说：

大相里横枕卜山之下……古来舍刹稽自大齐天保三年（公元552年），大元延祐四年（公元1317年），……奉敕建立后殿，增饰慈尊，额题崇胜禅寺，于是而渐成规模，……大明宣德庚戌五年（公元1430年），功竖中殿，廊庑翼如；周植树千本。……大明成化乙未十一年（公元1475年），……构造天王殿，伽蓝宇祠，堂室俱备。……

按现在情形看，天王殿与中殿之间，尚有前殿，天王殿前尚有钟楼鼓楼，为碑文中所未及。而所"植树千本"，则一根也不存在了。

山门三间，最平淡无奇；檐下用一斗三升斗栱，权衡甚小，但布置尚疏朗。

天王门三间，左右挟以斜照壁及掖门。斗栱权衡颇大，布置亦疏朗，每间用补间铺作二朵，角柱微生起，乍看确有古风。但是各栱昂头上过甚的雕饰，立刻表示其较晚的年代。天王门内部梁架都用月梁。但因前后廊子均异常得浅隘，故前后檐部斗栱的布置都有特别的结构，成为一个有趣的断面；前面用两列斗栱，高下不同，上下亦不相列，后檐却用垂莲柱，使檐部伸出墙外。

钟鼓楼天王门之后，左右为钟鼓楼，其中钟楼结构精巧，前有抱厦，顶用十字脊，山花向前，甚为奇特。

天王殿五间，即成化十一年所建，弘治元年碑，就立在殿之正中；天王像四尊，坐在东西梢间内。斗栱颇大，当心间用补间铺作两朵，次梢间用一朵，雄壮有古风。

前殿五间，大概是崇胜寺最新的建筑物，斗栱用品字式，上交托角替，垫栱板前罗列着全副博古，雕工精细异常，不唯是太琐碎了，而且是违反一切好建筑上结构及雕饰两方面的常规的。

前殿的东西配殿各三间，亦有几处值得注意之点。在横断面上，前后是不均齐的；如峪道河龙天庙正殿一样，"前廊后无廊"，而前廊用极大的斗拱，后廊用小斗拱，使侧面呈不均齐象。斗拱布置亦疏朗，每间用补间铺作一朵。出跳虽只一跳，在昂下及泥道拱下，却用替木式的短拱实拍承托，如大同华严寺海会殿及应县木塔顶层所见；但在此短拱拱头，又以极薄小之翼形拱相交，都是他处所未见。最奇特的乃在阑额与柱头的联接法，将阑额两端斫去一部，使额之上部托在柱头之上，下部与柱相交，是以一构材而兼阑额及普拍枋两者的功用的。阑额之下，托以较小的枋，长尽梢间，而在当心间插出柱头作角替，也许是《营造法式》卷五所谓"绰幕方"一类的东西。

正殿（毗卢殿）大概是崇胜寺内最古的结构，明弘治元年碑所载建于宣德庚戌五年（公元1430年）的中殿即指此。殿是硬山造，"前廊后无廊"，前檐用硕大的斗拱，前后亦不均齐。斗拱布置，每间只用补间铺作一朵。前后各出两跳，单杪单下昂，重拱造，昂尾斜上，以承上一缝槫。当心间补间铺作用四十五度斜拱。阑额甚小，上有很宽的普拍枋，一切尚如古制。当心间两柱，八角形，这种柱常见于六朝隋唐的砖塔及石刻，但用木的，这是我们所得见唯一的例。檐出颇远，但只用椽而无飞椽，在这种大的建筑物上还是初见。

前廊西端立北齐天保三年任敬志等造像碑，碑阳造像两层，各刻一佛二菩萨，额亦刻佛一尊。上层龛左右刻天王，略像龙门两大天王。座下刻狮子二，碑头刻蟠龙，都是极品，底下刻字则更劲古可爱。可惜佛面已毁，碑阴字迹亦见剥落了。清初顾亭林到汾访此碑，见先生《金石文字记》。

最后为七佛殿七间，是寺内最大的建筑物，在公路上可以望见。按明万历二十年《增修崇胜寺记》碑，乃"以万历十二年动工，至二十年落成"。无疑的这座晚明结构已替换了"大元元祐四年"的原建，在全部权衡上，这座明建尚保存着许多古代的美德；例如斗拱疏朗，出檐深远，尚表现一些雄壮气概。但各部本身，则尽雕饰之能事。外檐斗拱，上昂嘴特多，弯曲已甚；耍头上雕饰细巧；替木两端的花纹盘缠；阑额下更有龙形的角替；且金柱内额上斗拱坐斗之剔空花，竟将荷载之集中点（主要的建筑部分），作成脆弱的纤巧的花样；匠人弄巧，害及好建筑，以至如此，实令人怅然。虽然在雕工上看来，这些都是精妙绝伦的技艺，可惜太不得其道，以建筑物作卖技之场，结果因小失大,这巍峨大殿,在美术上竟要永远蒙耻低头。

七佛殿格扇上花心,精巧异常,为一种菱花与球纹混合的花样,在装饰图案上,实是登峰造极的,殿顶的脊饰,是山西所常见的普通做法。

汾阳县 杏花村 国宁寺

杏花村是做汾酒的古村,离汾阳甚近。国宁寺大殿,由公路上可以望见。殿重檐,上檐檐椽毁损一部,露出橑檐枋及阑额,远望似唐代刻画中所见双层额枋的建筑,故引起我们绝大的兴趣及希望,及到近前才知道是一片极大的寺址中仅剩的一座极不规矩的正殿;前檐倾圮,檐檩暴落,竟给人以奢侈的误会。廊下乾隆二十八年碑说:"敕赐于唐贞观,重建于宋,历修于明代。"现存建筑大约是明时重建的。

在山西明代建筑甚多,形形色色,式样各异,斗拱布置或仍古制,或变换纤巧,陆离光怪,几不若以建筑规制论之。大殿的平面布置几成方形,重檐金柱的分间,与外檐柱及内柱不相排列。而在结构方面,此殿做法很奇特,内部梁架,两山将采步金梁经过复杂勾结的斗拱,放在顺梁上，而采步金上，又承托两山顺扒梁（或大昂尾），法式新异，未见于他处。

至于下檐前面的斗拱，不安在柱头上，致使柱上空虚，做法错谬，大大违反结构原则，在老建筑上是甚少有的。

文水县 开栅镇 圣母庙

开栅镇并不在公路上，由大路东转沿着山势，微微向下曲折，因为有溪流，有大树，庙宇村巷全都隐藏，不易即见。庙门规模甚大，丹青剥落。院内古树合抱，浓荫四布，气味严肃之极。建筑物除北首正殿，南首乐楼，巍峨对峙外，尚有东西两堂，皆南向与正殿并列，雅有古风；廊庑，碑碣，钟楼，偏院，给人以浪漫印象较他庙为深，尤其是因正殿屋顶歇山向前，玲珑古制，如展看画里楼阁。屋顶歇山，山面向前，是宋代极普通的式制，在日本至今还用得很普遍，然而在中国，由明以后，除去城角楼外，这种做法已不多见。正定隆兴寺摩尼殿，是这种做法的，且由其他结构部分看去，我们知道它是宋初物。据我们所见过其他建筑歇山向前的，共有元代庙宇两处，均在正定。此外即在文水开栅镇圣母庙正殿又得见之。

殿平面作凸字形，后部为正方形殿三间，屋顶悬山造，前有抱厦，进深与后部同，面阔则较之稍狭，屋顶歇山造，山面向前。

后部斗拱，单昂出一跳，抱厦则重昂出两跳，布置极疏朗，补间仅一朵。昂并没有挑起的后尾，但斗拱在结构上还是有绝对的机能。耍头之上，撑头木伸出，刻略如麻叶云头，这可说是后来清式桃尖梁头之开始。前面歇山部分的构架，榑枋全承在斗拱之上，结构精密，堪称上品。正定阳和楼前关帝庙的构架和斗拱，与此多有相同的特征。但此处内部木料非常粗糙，呈简陋印象。

抱厦正面骤见虽似三间，但实只一间，有角柱而无平柱，而代之以槏柱（或称抱框），额枋是长同通面阔的。额枋的用法正面与侧面略异，亦是应注意之点，侧面额枋之上用普拍枋，而正面则不用；正面额枋之高度，与侧面额枋及普拍枋之总高度相同，这也是少见的做法。

至于这殿的年代，在正面梢间壁上有元至元二十年（公元1283年）嵌石，刻文说：

夫庙者元近西溪，未知何代，……后于此方要修其庙，……梁书万岁大汉之时，天会十年季春之月……今者石匠张莹，嗟岁月之弥深，睹栋梁之抽换，……恐后无闻，发愿刻碑。……

刻石如是。由形制上看来，殿宇必建于明以前，且因与正定关帝庙相同之点甚多，当可断定其为元代物。

圣母庙在平面布置上有一特殊值得注意之点。在正殿之东西，各有殿三间，南向，与正殿并列，尚存魏晋六朝东西堂之制。关于此点，刘敦桢先生在本刊五卷二期已申论得很清楚，不必在此赘述了。

文水县 文庙

文水县，县城周整，文庙建筑亦宏大出人意外。院正中泮池，两边廊庑，碑石栏杆，围衬大成门及后殿，壮丽较之都邑文庙有过无不及；但建筑本身分析起来，颇多弱点，仅为山西中部清以后虚有其表的代表作之一种。庙里最古的碑记，有宋元符三年的县学进士碑，元明历代重修碑也不少。就形制看来，现在殿宇大概都是清以后所重建。

正殿，开间狭而柱高，外观似欠舒适。柱头上用阑额和由额，二者之间用由额垫板，间以"荷叶墩"，阑额之上又用肥厚的普拍枋，这四层构材，本来阑额为主，其他为辅，但此处则全一样大小，使宾主不分，极不合结构原则。

斗拱不甚大,每间只用补间铺作一朵。坐斗下面,托以"皿板"刻作古玩座形,当亦是当地匠人,纤细弄巧做法之一种表现。斗拱外出两跳华拱,无昂,但后尾却有挑杆,大概是由耍头及撑头木引上。两山柱头铺作承托顺扒梁外端,内端坦然放在大梁上却倒率直。

戟门三间,大略与大成殿同时。斗拱前出两跳,单杪单下昂,正心用重拱,第一跳单拱上施替木承罗汉枋,第二跳不用拱,跳头直接承托替木,以承挑檐枋及檐桁,也是少见的做法。转角铺作不用中昂,也不用角神或宝瓶,只用多跳的实拍拱(或鞾鞘),层层伸出,以承角梁,这做法不止新颖,且较其他常见的尚为合理。

汾阳县 小相村 灵岩寺

小相村与大相村一样在汾阳文水之间的公路旁,但大相村在路东,而小相村却在路西,且离汾阳亦较远。灵岩寺在山坡上,远在村后,一塔秀挺,楼阁巍然,殿瓦琉璃,辉映闪烁夕阳中,望去易知为明清物,但景物婉丽可人,不容过路人弃置不睬。

离开公路,沿土路行可四五里达村前门楼。楼跨土城上，下圆券洞门，一如其他山西所见村落。村内一路贯全村前后，雨后泥泞崎岖，难同入蜀，愈行愈疲，愈觉灵岩寺之远，始悟汾阳一带，平原楼阁远望转近，不易用印象来计算距离的。及到寺前，残破中虽仅存在山门券洞，但寺址之大，一望而知。

进门只见瓦砾土丘，满目荒凉，中间天王殿遗址，隆起如冢，气象堂皇。道中所见砖塔及重楼，尚落后甚远，更进又一土丘，当为原来前殿——中间露天趺坐两铁佛，中挟一无像大莲座；斜阳一瞥，奇趣动人，行人倦旅，至此几顿生妙悟，进入新境。再后当为正殿址，背景里楼塔愈迫近，更有铁佛三尊，趺坐慈静如前，东首一尊且低头前俯，现悯恻垂注之情。此时远山晚晴，天空如宇，两址反不殿而殿，严肃丽都，不借梁栋丹青，朝拜者亦更沉默虔敬，不由自主了。

铁像有明正德年号，铸工极精，前殿正中一尊已倾欹坐地下，半埋入土，塑工清秀，在明代佛像中可称上品。

灵岩寺各殿本皆发券窑洞建筑，砖砌券洞繁复相接，如古罗马遗建，由断墙土丘上边下望，正殿偏西，残窑多眼尚存。更像隧道密室相关连，有阴森之气，微觉可怕，中间多停棺柩，外砌砖椁，印象亦略如罗马石棺，在木造建筑的中国里探访遗迹，极少有此经验的。券洞中一处，尚存券底画壁，颜色鲜好，画工精美，当为明代遗物。

砖塔在正殿之后，建于明嘉靖二十八年。这塔可作晋冀两省一种晚明砖塔的代表。

砖塔之后，有砖砌小城，由旁面小门入方城内，别有天地，楼阁廊舍，尚极完整，但阒无人声，院内荒芜，野草丛生，幽静如梦；与"城"以外的堂皇残址，露坐铁佛，风味迥殊。

这院内左右配殿各窑五眼，窑筑巩固，背面向外，即为所见小城墙。殿中各余明刻木像一尊。北面有基窑七眼，上建楼殿七大间，即远望巍然有琉璃瓦者。两旁更有簃楼，石级露台曲折，可从窑外登小阁，转入正楼。夕阳落漠，淡影随人转移，处处是诗情画趣，一时记忆几不及于建筑结构形状。

下楼徘徊在东西配殿廊下看读碑文，在荆棘拥护之中，得朱之俊崇祯年间碑，碑文叙述水陆楼的建造原始甚详。

朱之俊自述：

夜宿寺中，俄梦散步院落，仰视左右，有楼翼然，赫辉壮观，若新成形……觉而异焉，质明举似普门师，师为余言水陆阁像，颇与梦合。余因征水陆缘起，慨然首事。……

各处尚存碑碣多座，叙述寺已往的盛史。唯有现在破烂的情形，及其原因，在碑上是找不出来的。

正在留恋中，老村人好事进来，打断我们的沉思，开始问答，告诉我们这寺最后的一页惨史。据说是光绪二十六年替换村长时，新旧两长各竖一帜，怂恿村人械斗，将寺拆毁。数日间竟成一片瓦砾之场，触目伤心；现在全寺余此一院楼厢，及院外一塔而已。

孝义县 吴屯村 东岳庙

由汾阳出发南行，本来可雇教会汽车到介休，由介休改乘公共汽车到霍州、赵城等县。但大雨之后，道路泥泞，且同蒲路正在炸山筑路，公共汽车道多段已拆毁不能通行，沿途跋涉露宿，大部竟以徒步得达。

我们曾因道阻留于孝义城外吴屯村，夜宿村东门东岳庙正殿廊下；庙本甚小，仅余一院一殿，正殿结构奇特，屋顶的繁复做法，是我们在山西所见的庙宇中最已甚的。小殿向着东门，在田野中间镇座，好像乡间新娘，满头花钿，正要回门的神气。

庙院平铺砖块，填筑甚高，围墙矮短如栏杆，因墙外地洼，用不着高墙围护；三面风景，一面城楼，地方亦极别致。庙厢已作乡间学校，但仅在日中授课，顽童日出即到，落暮始散。夜里仅一老人看守，闻说日间亦是教员，薪金每年得二十金而已。

院略为方形，殿在院正中，平面则为正方形，前加浅隘的抱厦。两旁有斜照壁，殿身屋顶是歇山造；抱厦亦然，但山面向前，与开栅圣母正殿极相似，但因前为抱厦，全顶呈繁乱状，加以装饰物，愈富缛不堪设想。这殿的斗拱甚为奇特，其全朵的权衡，为普通斗拱的所不常有，因为横拱——尤其是泥道拱及其慢拱——甚短，以致斗拱的轮廓耸峻，呈高瘦状。殿深一间，用补间斗拱三朵。抱厦较殿身稍狭，用补间铺作一朵，各层出四十五度斜昂。昂嘴纤弱，颇入颇深。各斗拱上的耍头，厚只及材之半，刻作霸王拳，劣匠弄巧的弊病，在在可见。

侧面阑额之下，在柱头外用角替，而不用由额，这角替外一头伸出柱外，托阑额头下，方整无饰，这种做法无意中巧合力学原则，倒是罕贵的一例。檐部用椽子一层，并无飞椽，亦奇。但建造年月不易断定。我们夜宿廊下，仰首静观檐底黑影，看凉月出没云底，星斗时现时隐，人工自然，悠然融合入梦，滋味深长。

霍县 太清观

以上所记，除大相村崇胜寺规模宏大及圣母庙年代在明以前，结构适当外，其他建筑都不甚重要。霍州县城甚大，庙观多，且魁伟，登城楼上望眺，城外景物和城内嵯峨的殿宇对照，堪称壮观。以全城印象而论，我们所到各处，当无能出霍州右者。

霍县太清观在北门内，志称宋天圣二年，道人陶崇人建，元延祐三年道人陈泰师修。观建于土丘之上，高出两旁地面甚多，而且愈往后愈高，最后部庭院与城墙顶平，全部布局颇饶趣味。

观中现存建筑多明清以后物。唯有前殿，额曰："金阙玄元之殿"，最饶古趣。殿三间，悬山顶，立在很高的阶基上；前有月台，高如阶基。斗拱雄大，重拱重昂造，当心间用补间铺作两朵，梢间用一朵。柱头铺作上的耍头，已成桃尖梁头形式，但昂的宽度，却仍早制，未曾加大。想当是明初近乎官式的作品。这殿的檐部，也是不用飞椽的。

最后一殿，歇山重檐造，由形制上看来，恐是清中叶以后新建。

霍县 文庙

霍县文庙,建于元至元间,现在大门内还存元碑四座。由结构上看来,大概有许多座殿宇,还是元代遗构。在平面布置上,自大成门左右一直到后面,四周都有廊庑,显然是古代的制度。可惜现在全庙被划分两半,前半——大成殿以南——驻有军队,后半是一所小学校,前后并不通行,各分门户,与我们视察上许多不便。

前后各主要殿宇,在结构法上是一贯的。棂星门以内,便是大成门,门三间,屋顶悬山造。柱瘦高而额细,全部权衡颇高,尤其是因为柱之瘦长,颇类唐代壁画中所常视的现象。斗拱简单,单杪四铺作,令拱上施替木,以承橑檐槫。华拱之上施耍头,与令拱及慢拱相交,耍头后尾作头,承托在梁下;梁头也伸出到榰头之上,至为妥当合理。斗拱布置疏朗,每间只用补间铺作一朵,放在细长的阑额及其厚阔的普拍枋上。普拍枋出柱头处抹角斜割,与他处所见元代遗物刻海棠卷瓣者略同。中柱上亦用简单的斗拱,华拱上一材,前后出榰头以承大梁。左右两中柱间用柱头枋一材在慢拱上相联;这柱头枋在左右中柱上向梢间出头作蚂蚱头,并不通排山。大成门梁架用材轻爽经济,将本身的重量减轻,是极妥善的做法。我们所见檐部只用圆椽,其上无飞檐椽的,这又是一例。

大成殿亦三间,规模并不大。殿立在比例高耸的阶基上,前有月台;上用砖砌栏杆(这矮的月台上本是用不着的)。殿顶歇山造。全部权衡也是峻耸状。因柱子很高,故斗拱比例显得很小。

斗拱,单下昂四铺作,出一跳,昂头施令拱以承橑檐榑及枋。昂嘴颐势圆和,但转角铺作角昂及由昂,则较为纤长。昂尾单独一根斜挑下平榑下,结构异常简洁,也许稍嫌薄弱。斗拱布置疏朗,每间只用补间铺作一朵,三角形的垫拱版在这里竟成扁长形状。

歇山部分的构架,是用两层的丁栿,将山部托住。下层丁栿与阑额平,其上托斗拱。上层丁栿外端托在外檐斗拱之上,内端在金柱上,上托山部构架。

霍县 东福昌寺

祝圣寺原名东福昌寺,明万历间始改今名。唐贞观四年,僧清宣奉敕建。元延祐四年,僧圆琳重建,后改为霍山驿。明洪武十八年，仍建为寺。现时因与西福昌寺关系，俗称上寺下寺。就现存的建筑看，大概还多是元代的遗物。

东福昌寺诸建筑中，最值得注意的，莫过于正殿。殿七楹，斗拱疏朗，尤其在昂嘴的颓势上，富于元代的意味。殿顶结构，至为奇特。乍见是歇山顶，但是殿本身屋顶与其下围廊顶是不连续成一整片的，殿上盖悬山顶，而在周围廊上盖一面坡顶（围廊虽有转角绕殿左右，但止及殿左右朵殿前面为止）。

上面悬山顶有它自己的勾滴，降一级将水泄到下面一面坡顶上。汉代遗物中，瓦顶有这种两坡做法，如高颐石阙及纽约博物馆藏汉明器，便是两个例，其中一个是四阿顶，一个是歇山顶。日本奈良法隆寺玉虫厨子，也用同式的顶。这种古式的结构，不意在此得见其遗制，是我们所极高兴的。关于这种屋顶，已在本刊五卷二期《汉代建筑式样与装饰》一文中详论，不必在此赘述。

在正殿左右为朵殿，这朵殿与正殿殿身、正殿围廊三部屋顶连接的结构法，至为妥善，在清式建筑中已不见这种智巧灵活的做法，官式规制更守住呆板办法删除特种变化的结构，殊可惜。

正殿阶基颇高，前有月台，阶基及月台角石上，均刻蟠龙，如《营造法式》石作之制；此例雕饰曾见于应县佛宫寺塔月台角石上。可见此处建筑规制必早在辽明以前。

后殿由形制上看，大概与正殿同时，当心间补间铺作用斜拱斜昂，如大同善化寺金建三圣殿所见。

后殿前庭院正中，尚有唐代经幢一柱存在，经幢之旁，有北魏造像残石，用砖龛砌护。石原为五像，弥勒（？）正中坐，左右各二菩萨挟侍，惜残破不堪；左面二菩萨且已缺毁不存。弥勒垂足交胫坐，与云冈初期作品同，衣纹体态，无一非北魏初期的表征，古拙可喜。

霍县 西福昌寺

西福昌寺与东福昌寺在城内大街上东西相称。按《霍州志》，贞观四年，敕尉迟恭监造。初名普济寺。太宗以破宋老生于此，贞观三年，设建寺以树福田，济营魄。乃命虞世南、李百药、褚遂良、颜师古、岑文本、许敬宗、朱子奢等为碑文。可惜现时许多碑石，一件也没有存在的了。

现在正殿五间。左右朵殿三间，当属元明遗构。殿廊下金泰和二年碑，则称寺创自太平兴国三年。前廊檐柱尚有宋式覆盆柱础。

前殿三间,歇山造,形制较古,门上用两门簪,也是辽宋之制。殿内塑像,颇似大同善化寺诸像。惜过游时,天色已晚,细雨不辍,未得摄影。但在殿中摸索,燃火在什物尘垢之中,瞻望佛容而已。

全寺地势前低后高。庭院层层高起,亦如太清观,但跨院旧址尚广,断墙倒壁,老榭荒草中,杂以民居,破落已极。

霍县 火星圣母庙

火星圣母庙在县北门内。这庙并不古,却颇有几处值得注意之点。在大门之内,左右厢房各三间,当心间支出垂花雨罩,新颖可爱,足供新设计参考采用。正殿及献食棚屋顶的结构,各部相互间的联络,在复杂中倒合理有趣。在平面的布置上,正殿三间,左右朵殿各一间,正殿前有廊三间,廊前为正方形献食棚,左右廊子各一间。这多数相连络殿廊的屋顶;正殿及朵殿悬山造,殿廊一面坡顶,较正殿顶低一级,略如东福昌寺大殿的做法。献食棚顶用十字脊,正面及左右歇山,后面脊延长,与一面坡相交;左右廊子则用卷棚悬山顶。全部联络法至为灵巧,非北平官式建筑物屋顶所能有。

献食棚前琉璃狮子一对，塑工至精，纹路秀丽，神气生猛，堪称上品。

东廊下明清碑碣及嵌石颇多。

霍县 县政府大堂

在霍县县政府的大堂的结构上，我们得见到滑稽绝伦的建筑独例。大堂前有抱厦，面阔三间。当心间阔而梢间稍狭，四柱之上，以极小的阑额相联，其上却托着一整根极大的普拍枋，将中国建筑传统的构材权衡完全颠倒。这还不足为奇；最荒谬的是这大普拍枋之上，承托斗拱七朵，朵与朵间都是等距离，而没有一朵是放在任何柱头之上，作者竟将斗拱在结构上之原义意，完全忘却，随便位置。斗拱位置不随立柱安排，除此一例外，唯在以善于作中国式建筑自命的慕菲氏所设计的南京金陵女子大学得又见之。

斗拱单昂四铺作，令拱与耍头相交，梁头放在耍头之上。补间铺作则将撑头木伸出于耍头之上，刻作麻叶云。令拱两散斗特大，两旁有卷耳，略如爱奥尼克（Ionic）柱头形。中部几朵斗拱，大斗之下，用版块垫起，但其作用与皿版并不相同。阑额两端刻卷草纹,花样颇美。柱础宝装莲瓣覆盆,只分八瓣,雕工精到。

据壁上嵌石:元大德九年(公元1305年),某宗室"自明远郡(现地名待考)朝觐往返,霍郡适当其冲,虑郡廨隘陋",所以增大重建。至于现存建筑物的做法及权衡,古今所无,年代殊难断定。

县府大门上斗拱华拱层层作卷瓣,也是违背常规的做法。

霍县 北门外桥及铁牛

北门桥上的铁牛,算是霍州一景,其实牛很平常,桥上栏杆则在建筑师的眼中,不但可算一景,简直可称一出喜剧。

桥五孔,是北方所常见的石桥,本无足怪。少见的是桥栏杆的雕刻,尤以望柱为甚。栏版的花纹,各个不同,或用莲花、如意、万字、钟、鼓等等纹样,刻工虽不精而布置尚可,可称粗枝大叶的石刻。至于望柱,柱头上的雕饰,则动植物、博古、几何形,无所不有,个个不同,没有重复,其中如猴子、人手、鼓、瓶、佛手、仙桃、葫芦、十六角形块,以及许多无名的怪形体,粗糙罗列,如同儿戏，无一不足，令人发笑。

至于铁牛，与我们曾见过无数的明代铁牛一样，笨蠢无生气，虽然相传为尉迟恭铸造，以制河保城的。牛日夜为村童骑坐抚摸，古色光润，自是当地一宝。

赵城县 侯村 女娲庙

由赵城县城上霍山，离城八里，路过侯村，离村三四里，已看见巍然高起的殿宇。女娲庙《志》称唐构，访谒时我们固是抱着很大的希望的。

庙的平面，地面深广，以正殿——娲皇殿——为中心，四周为廊屋，南面廊屋中部为二门，二门之外，左右仍为廊屋，南面为墙，正中辟山门，这样将庙分为内外两院。内院正殿居中，外院则有碑亭两座东西对立，印象宏大。这种是比较少见的平面布置。

按庙内宋开宝六年碑："乃于平阳故都，得女娲原庙重修，……南北百丈，东西九筵；雾罩檐楹，香飞户牖，……"但《志》称天宝六年重修，也许是开宝六年之误。次古的有元至元十四年重修碑，此外明清两代重修或祀祭的碑碣无数。

现存的正殿五间，重檐歇山，额曰娲皇殿。柱高瘦而斗拱不甚大。上檐斗拱，重拱双下昂造，每间用补间铺作一朵；下檐单下昂，无补间铺作。就上檐斗拱看，柱头铺作的下昂，较补间铺作者稍宽，其上有颇大的梁头伸出，略具"桃尖"之形，下檐亦有梁头，但较小。就这点上看来，这殿的年代，恐不能早过元末明初。现在正脊桁下且尚大书崇祯年间重修的字样。

柱头间联络的阑额甚细小，上承宽厚的普拍枋。歇山部分的梁架，也似汾阳国宁寺所见，用斗拱在顺梁（或额）上承托采步金梁，因顺梁大小只同阑额，颇呈脆弱之状。这殿的彩画，尤其是内檐的，尚富古风，颇有《营造法式》彩画的意味。殿门上铁铸门钹，门钉铸工极精俊。

二门内偏东宋石经幢，全部权衡虽不算十分优美，但是各部的浮雕精绝，须弥座之上枋的佛迹图，正中刻城门，甚似敦煌壁画中所绘，左右图"太子"所见。中段覆盘，八面各刻狮像。上段仰莲座，各瓣均有精美花纹，其上刻花蕊。除大相村天保造像外，这经幢当为此行所见石刻中之最上妙品。

赵城县 广胜寺 下寺

一年多以前，赵城宋版藏经之发现，轰动了学术界，广胜寺之名，已传遍全国了。国人只知藏经之可贵，而不知广胜寺建筑之珍奇。

广胜寺距赵城县城东南约四十里，据霍山南端。寺分上下两院，俗称"上寺""下寺"。上寺在山上，下寺在山麓，相距里许（但是照当地乡人的说法，却是上山五里，下山一里）。

由赵城县出发，约经二十里平原，地势始渐高，此二十里虽说是平原，但多粘土平头小岗，路陷赤土谷中，蜿蜒出入，左右只见土崖及其上麦黍，头上一线蓝天，炎日当顶，极乏趣味。后二十里积渐坡斜，直上高冈，盘绕上下，既可前望山峦屏嶂，俯瞰田陇农舍，及又穿行几处山庄村落，中间小庙城楼，街巷里井，均极幽雅有画意，树亦渐多渐茂，古干有合抱的，底下必供着树神，留着香火的痕迹。山中甘泉至此已成溪，所经地域，妇人童子多在濯菜浣衣，利用天然。泉清如琉璃，常可见底，见之使人顿觉清凉，风景是越前进越妩媚可爱。

但快到广胜寺时,却又走到一片平原上,这平原浩荡辽阔乃是最高一座山脚的干河床,满地石片,几乎不毛,不过霍山如屏,晚照斜阳早已在望,气象仅开朗宏壮,现出北方风景的性格来。

因为我们向着正东,恰好对着广胜寺前行,可看其上下两院殿宇,及宝塔,附依着山侧,在夕阳渲染中闪烁辉映,直至日落。寺由山下望着虽近,我们却在暮霭中兼程一时许,至人困骡乏,始赶到下寺门前。

下寺据在山坡上,前低后高,规模并不甚大。前为山门三间,由兜峻的甬道可上。山门之内为前院,又上而达前殿。前殿五间,左右有钟鼓楼,紧贴在山墙上,楼下券洞可通行,即为前殿之左右掖门。前殿之后为后院,正殿七间居后面正中,左右有东西配殿。

山门 山门外观奇特,最饶古趣。屋盖歇山造,柱高,出檐远,主檐之下前后各有"垂花雨搭",悬出檐柱以外,故前后面为重檐,侧面为单檐。主檐斗拱单杪单下昂造,重拱五铺作,外出两跳。下昂并不挑起。但侧面小柱上,则用双杪。泥道重拱之上,只施柱头枋一层,其上并无压槽枋。外第一跳重拱,第二跳令拱之上施替木以承挑檐榑。耍头斫作蚂蚱头形,斜面微颤,如大同各寺所见。

雨搭由檐柱挑出，悬柱上施阑额，普拍枋，其上斗拱单杪四铺作单拱造。悬柱下端截齐，并无雕饰。

殿身檐柱甚高，阑额纤细，普拍枋宽大，阑额出头斫作蚂蚱头形。普拍枋则斜抹角。

内部中柱上用斗拱，承托六椽栿下，前后平椽缝下，施替木及襻间。脊槫及上平槫，均用蜀柱直接立于四椽栿上。檐椽只一层，不施飞椽。

如山门这样外表，尚为我们初见；四椽栿上三蜀柱并立，可以省却一道平梁，也是少见的。

前殿 前殿五间，殿顶悬山造，殿之东西为钟鼓楼。阶基高出前院约三米，前有月台；月台左右为礓磜甬道，通钟鼓楼之下。

前殿除当心间南面外，只有柱头铺作，而没有补间铺作。斗拱，正心用泥道重拱，单昂出一跳，四铺作，跳头施令拱替木，以承橑檐槫，甚古简。令拱与梁头相交，昂嘴势甚弯。后面不用补间铺作，更为简洁。

在平面上，南面左右第二缝金柱地位上不用柱，却用极大的内额，由内平柱直跨至山柱上，而将左右第二缝前后檐柱上的"乳栿"（？）尾特别伸长，斜向上挑起，中段放在上述内额之上，上端在平梁之下相接，承托着平梁之中部，这与斗拱的用昂，在原则上，是相同的，可以说是一根极大的昂。广胜寺上下两院，都用与此相类的结构法。这种构架，在我们历年国内各地所见许多的遗物中，这还是第一个例。尤其重要的，是因日本的古建筑，尤其是飞鸟灵乐等初期的遗构，都是用极大的昂，结构与此相类，这个实例乃大可佐证建筑家早就怀疑的问题，这问题便是日本这种结构法，是直接承受中国宋以前建筑规制，并非自创，而此种规制，在中国后代反倒失传或罕见。同时使我们相信广胜寺各构，在建筑遗物实例中的重要，远超过于我们起初所想象的。

两山梁架用材极为轻秀，为普通大建筑物中所少见。前后出檐飞子极短，博风板狭而长。正脊垂脊及吻兽均雕饰繁富。

殿北面门内供僧像一躯，显然埃及风味，煞是可怪。

两山墙外为钟鼓楼下有砖砌阶基。下为发券门道可以通行。阶基立小小方亭。斗拱单昂，十字脊歇山顶。就钟鼓楼的位置论，这也不是一个常见的布置法。

殿内佛像颇笨拙，没有特别精彩处。

正殿 正殿七间居最后。正中三间辟门，门左右很高的直棂槛窗。殿顶也是悬山造。

斗拱，五铺作，重拱，出两跳，单杪单下昂，昂是明清所常见的假昂，乃将平置的华拱而加以昂嘴的。斗拱只施于柱头不用补间铺作。令拱上施替木，以承橑檐槫。泥道重拱之上，只施柱头枋一层，其上相隔颇远，方置压槽枋。论到用斗拱之简洁，我们所见到的古建筑，以这两处为最；虽然就斗拱与建筑物本身的权衡比起来，并不算特别大，而且在昂嘴及普拍枋出头处等详部，似乎倾向较后的年代，但是就大体看，这寺的建筑，其古洁的确是超过现存所有中国古建筑的。这个到底是后代承袭较早的遗制，还是原来古构已含了后代的几个特征，却甚难说。

正殿的梁架结构，与前殿大致相同。在平面上左右缝内柱与檐柱不对中，所以左右第一二缝檐柱上的乳栿，皆将后尾翘起，搭在大内额上，但栿（或昂）尾只压在四椽栿下，不似前殿之在平梁下正中相交。四椽栿以上侏儒柱及平梁均轻秀如前殿，这两殿用材之经济，虽尚未细测，只就肉眼观察，较以前我们所看过的辽代建筑尚过之。若与官式清代梁架比，真可算中国建筑中梁架轻重之两极端，就比例上计算，这寺梁的横断面的面积，也许不到清式梁的横断面三分之一。

正殿佛像五尊，塑工精极，虽然经过多次的重妆，还与大同华岩寺簿伽教藏殿塑像多少相似。侍立诸菩萨尤为俏丽有神，饶有唐风，佛容衣带，庄者庄，逸者逸，塑造技艺，实臻绝顶。东西山墙下十八罗汉，并无特长，当非原物。

东山墙尖象眼壁上，尚有壁画一小块，图像色泽皆美。据说民（国）十六（年）寺僧将两山壁画卖与古玩商，以价款修葺殿宇，唯恐此种计划仍然是盗卖古物谋利的动机。现在美国彭省大学博物院所陈列的一幅精美的称为"唐"的壁画，与此甚似。近又闻美国堪萨斯省立博物院，新近得壁画，售者告以出处，即云此寺。

朵殿　正殿之东西各有朵殿三间。朵殿亦悬山造，柱瘦高，额细，普拍枋甚宽。斗拱四铺作单下昂。当心间用补间铺作两朵，稍间一朵。全部与正殿前殿大致相似，当是同年代物。

赵城县 广胜寺 上寺

上寺在霍山最南的低峦上。寺前的"琉璃宝塔"，冗立山头，由四五十里外望之，已极清晰。

由下寺到上寺的路颇陡峻，盘石奇大，但石皮极平润，坡上点缀着山松，风景如中国画里山水近景常见的布局，峦顶却是一个小小的高原，由此望下，可看下寺，鸟瞰全景；高原的南头就是上寺山门所在。山门之内是空院，空院之北，与山门相对者为垂花门。垂花门内在正中线上，立着"琉璃宝塔"。塔后为前殿，著名的宋版藏经，就藏在这殿里。前殿之后是个空敞的前院，左右为厢房，北面为正殿。正殿之后为后殿，左右亦有两厢。此外在山坡上尚有两三处附属的小屋子。

琉璃宝塔 亦称为飞虹塔。就平面的位置上说，塔立在垂花门之内，前殿之前的正中线上，本是唐制。塔平面作八角形，高十三级，塔身砖砌，饰以琉璃瓦的角柱、斗拱、檐瓦、佛像等等。最下层有木围廊。这种做法，与热河永佑寺舍利塔及北平香山静宜园琉璃塔是一样的。但这塔围廊之上，南面尚出小抱厦一间，上交十字脊。

全部的权衡上看，这塔的收分特别得急速，最上层檐与最下层砖檐相较，其大小只及下者三分之一强。而且上下各层的塔檐轮廓成一直线，没有卷杀圜和之味。各层檐角也不翘起，全部呆板的直线，绝无寻常中国建筑柔和的线路。

塔之最下层供极大的释迦坐像一尊，如应县佛宫寺木塔之制。下层顶棚作穹窿式，饰以极繁细的琉璃斗拱。塔内有级可登，其结构法之奇特，在我们尚属初见。普通的砖塔内部，大半不可入，尤少可以攀登的。这塔却是个较罕的例外。塔内阶级每步高约六十至七十公分，宽约十余公分，成一个约合六十度的陡峻的坡度。这极高极狭的踏步每段到了终点，平常用休息板的地方，却不用了，竟忽然停止，由这一段的最上一级，反身却可迈过空的休息板，攀住背面墙上又一段踏步的最下一级；在梯的两旁墙上，留下小砖孔，可以容两手攀扶及放烛火的地方。走上这没有半丝光线的峻梯的人，在战栗之余，不由得不赞叹设计者心思之巧妙。

关于这塔的年代，相传建于北周，我们除在形制上可以断定其为明清规模外，在许多的琉璃上，我们得见正德十年的年号，所以现存塔身之形成，年代很少可疑之点。底层木廊正檩下，又有"天启二年创建"字样，就是廊子过大而不相称的权衡看来，我们差不多可以断定正德的原塔是没有这廊子的。

虽然在建筑的全部上看来，各种琉璃瓦饰用得繁缛不得当，如各朵斗拱的耍头，均塑作狰狞的鬼脸，尤为滑稽；但就琉璃自身的质地及塑工说，可算无上精品。

前殿 前殿在塔之北。殿的前面及殿前不甚大的院子，整个被高大的塔挡住。殿面阔五间，进深四间，屋顶单檐歇山造。斗拱重拱造，双下昂；正面当心间用补间铺作两朵，次间一朵，梢间不用；这种的布置，实在是疏朗的，但因开间狭而柱高，故颇呈密挤之状，骤看似晚代布置法。但在山面，却不用补间铺作，这种正侧两面完全不同的布置，又是他处所未见。柱头与柱头之间联络，阑额较小而普拍枋宽大，角柱上出头处，阑额斫作楂头，普拍枋头斜抹角。我们以往所见两普拍枋在柱头相接处（即《营造法式》所谓"普拍枋间缝"），都顶头放置，但此殿所见，则如《营造法式》卷三十所见"勾头搭掌"的做法，也许以前我们疏忽了，所以迟迟至今才初次开眼。

前殿的梁架，与下寺诸殿梁架亦有一个相同之点，就是大昂之应用。除去前后檐间的大昂外，两山下的大昂，尤为巧妙。可惜摄影失败，只留得这帧不甚准确的速写断面图。这大昂的下端承托在斗拱耍头之上，中部放在"采步金"梁之上，后尾高高翘起，挑着平梁的中段，这种做法，与下寺所见者同一原则，而用得尤为得当。

前殿塑像颇佳，虽已经过多次的重塑，但尚保存原来清秀之气。佛像两旁侍立像，宋风十足，背面像则略次。

正殿 面阔五间，悬山造，前殿开敞的庭院，与前殿隔院相望。骤见殿前廊檐，极易误认为近世的构造，但廊檐之内，抱头梁上，赫然犹见单昂斗拱的原状。如同下寺正殿一样，这殿并不用补间铺作，结构异常简洁。内部梁架，因有顶棚，故未得见，但一定也有伟大奇特的做法。

正殿供像三尊，释迦及文殊普贤，塑工极精，富有宋风；其中尤以菩萨为美。佛帐上剔空浮雕花草龙兽几何纹，精美绝伦，乃木雕中之无上好品。两山墙下列坐十八罗汉铁像，大概是明代所铸。

后殿 居寺之最后。面阔五间，进深四间，四阿顶。因面阔进深为五与四之比，所以正脊长只及当心间之广；异常短促，为别处所未见。内柱相距甚远，与檐柱不并列。斗拱为五铺作双下昂。当心间用补间铺作两朵，次间梢间及两山各用一朵。柱头作两下昂平置，托在梁下，补间铺作则将第二层昂尾挑起。柱瘦高，额细长，普拍枋较阑额略宽。角柱上出头处，阑额斫作楂头，普拍枋抹角，做法与前殿完全相同。殿内梁架用材轻巧，可与前殿相埒。山面中线上有大昂尾挑上平榑下。内柱上无内额，四阿并不推山。梁架一部分的彩画，如几道榑下红地白绿色的宝相华（？）及斗拱上的细边古织锦文，想都是原来色泽。

殿除南面当心间辟门外，四周全有厚壁。壁上画像不见得十分古，也不见得十分好。当心间格扇，花心用雕镂拼镶极精细的圆形相交花纹，略如《营造法式》卷三十二所见"挑白毬文格眼"，而精细过之。这格扇的格眼，乃由许多各个的梭形或箭形雕片镶成，在做工上是极高的成就。在横披上，格扇纹样与下面略异，而较近乎清式"菱花格扇"的图案。

后殿佛像五尊，塑工甚劣，面貌肥俗，手臂无骨，衣褶圆而下垂，背光繁缛不堪，佛冕及发全是密宗的做法。侍立菩萨较清秀，但都不如正殿塑像远甚。

广胜寺上下两院的主要殿宇，除琉璃宝塔而外，大概都属于同一时期，它们的结构法及作风都是一致的。

上下两寺壁间嵌石颇多，碑碣也不少，其中叙述寺之起源者，有治平元年重刻的郭子仪奏碣。碣字体及花边均甚古雅。文如下：

晋州赵城县城东南三十里，霍山南脚上，古育王塔院一所。右河东□观察使司徒□兼中书令，汾阳郡王郭子仪奏；臣据□朔方左厢兵马使，开府仪同三司，试太常卿，五原郡王李光瓒状称前塔接山带水，古迹见存，堪置伽蓝，自愿成立。伏乞奏置一寺，为国崇益福□，仍请以阿育王为额者。

巨准状牒州勘责，得耆寿百姓陈仙童等状，与光瓒所请，置寺为广胜。因伏乞天恩，遂其诚愿，如蒙特命，赐以为额，仍请于当州诸寺选僧住持洒扫。中书门下牒河东观察使牒奉敕故牒。大历四年五月二十七日牒。住寺阇梨僧□切见当寺石碣岁久，隳坏年深，今欲整新，重标斯记。治平元年，十一月二十九日。

由右碣文看来，寺之创立甚古，而在唐代宗朝就原有塔院建立伽蓝，敕名广胜。至宋英宗时，伽蓝想仍是唐代原建。但不知何时伽蓝颓毁，以致需要将下寺：

计九殿自（金）皇统元年辛酉（公元1141年）至贞元元年癸酉（公元1153年）历十三年，无年不兴工。……

却是这样大的工程，据元延祐六年（公元1319年）石，则：

大德七年（公元1303年），地震，古刹毁，大德九年修渠（按即下寺前水渠），木装。延祐六年始修殿。

大德七年的地震一定很剧烈，以致"古刹毁"。现存的殿宇，用大昂的梁架虽属初次拜见，无由与其他梁架遗例比较。但就斗拱枋额看，如下昂嘴纤弱的卷杀，普拍枋出头处之抹去方角，都与他处所见相似。至于瘦高的檐柱和细长的额枋，又与霍县文庙如出一手。其为元代遗物，殆少可疑。不过梁架的做法，极为奇特，在近数年寻求所得，这还是唯一的一个孤例，极值得我们研究的。

赵城县 广胜寺 明应王殿

广胜寺在赵城一带，以其泉水出名。在山麓下下寺之前，有无数的甘泉，由石缝及地下涌出，供给赵城洪洞两县饮料及灌溉之用。凡是有水的地方都得有一位龙王，所以就有龙王庙。

这一处龙王庙规模之大，远在普通龙王庙之上，其正殿——明应王殿——竟是个五间正方重檐的大建筑物。若是论到殿的年代，也是龙王庙中之极古者。

明应王殿平面五间，正方形，其中三间正方为殿身，周以回廊。上檐显山顶，檐下施重拱双下昂斗拱。当心间施补间铺作两朵，次间施一朵。斗拱权衡颇为雄大，但两下昂都是平置的华拱，而加以昂嘴的。下檐只用单下昂，次间梢间不施补间铺作，当心间只施一朵，而这一朵却有四十五度角的斜昂。额的权衡上下两檐有显著之异点，上檐阑额较高较薄，下檐则极小；而普拍枋则上檐宽薄，而下檐高厚。上檐以阑额为主而辅以普拍枋，下檐与之正相反,且在额下施繁缛的雕花罩子。殿身内前面两金柱省去,而用大梁由前面重檐柱直达后金柱,而在前金柱分位上施扒梁。并无特殊之点。

明应王殿四壁皆有壁画,为元代匠师笔迹。据说正门之上有画师的姓名及年月,须登梯拂尘燃灯始得读,惜匆匆未能如愿。至于壁画,其题材纯为非宗教的,现有古代壁画,大多为佛像,这种题材,至为罕贵。

至于殿的年代,大概是元大德地震以后所建,与嵩山少林寺大德年间所建鼓楼,有许多相似之点。

明应王殿的壁画,和上下寺的梁架,都是极罕贵的遗物,都是我们所未见过的独例。由美术史上看来,都是绝端重要的史料。我们预备再到赵城作较长时间的逗留,俾得对此数物,作一个较精密的研究。目前只能作此简略的记述而已。

赵城县 霍山 中镇庙

照《县志》的说法,广胜寺在县城东南四十里霍山顶,兴唐寺唐建,在城东三十里霍山中,所以我们认为他们在同一相近的去处,同在霍山上,相去不过二十余里,因而预定先到广胜寺，再由山上绕至兴唐寺去。却是事实乃有大谬不然者。到了广胜寺始知到兴唐寺远须下山绕到去城八里的侯村，再折回向东行再行入山，始能到达。我心想既称唐建，又在山中，如果原构仍然完好，我们岂可惮烦，轻轻放过。

我们晨九时离开广胜寺下山，等到折回又到了霍山时已走了十二小时！沿途风景较广胜寺更佳，但近山时实已入夜，山路崎岖峰峦迫近如巨屏，谷中渐黑，凉风四起，只听脚下泉声奔湍，看山后一两颗星点透出夜色，骡役俱疲，摸索难进，竟落后里许。我们本是一直徒步先行的，至此更得奋勇前进，不敢稍息（怕夫役强主回头，在小村落里住下），入山深处，出手已不见掌，加以脚下危石错落，松柏横斜，行颇不易。喘息攀登，约一小时，始见远处一灯高悬，掩映松间，知已近庙，更急进敲门。

等到老道出来应对，始知原来我们仍远离着兴唐寺三里多，这处为霍岳山神之庙亦称中镇庙。乃将错就错，在此住下。

我们到时已数小时未食，故第一事便到"香厨"里去烹煮。厨在山坡上窑穴中，高踞庙后左角，庙址既大，高下不齐，废园荒圃，在黑夜中更是神秘，当夜我们就在正殿塑像下秉烛洗脸铺床，同时细察梁架，知其非近代物。这殿奇高，烛影之中，印象森然。

第二天起来忙到兴唐寺去，一夜的希望顿成泡影。兴唐寺虽在山中，却不知如何竟已全部拆建，除却几座清式的小殿外，还加洋式门面等等；新塑像极小，或罩以玻璃框，鄙欲无比，全庙无一样值得纪录的。

中镇庙虽非我们初时所属意，来后倒觉得可以略略研究一下。据《山西古物古迹调查表》，谓庙之创建在隋开皇十四年，其实就形制上看来，恐最早不过元代。

殿身五间，周围廊，重檐歇山顶。上檐施单杪单下昂五铺作斗拱，下檐则仅单下昂。斗拱颇大，上下檐俱用补间铺作一朵。昂嘴细长而直；耍头前面微颟，而上部圆头突起，至为奇特。

太原县 晋祠

晋祠离太原仅五十里，汽车一点多钟可达，历来为出名的"名胜"，闻人名士由太原去游览的风气自古盛行。我们在探访古建的习惯中，多对"名胜"怀疑：因为最是"名胜"容易遭"重修"的大毁坏，原有建筑故最难得保存！

所以我们虽然知道晋祠离太原近在咫尺，且在太原至汾阳的公路上，我们亦未尝预备去访"胜"的。

直至赴汾的公共汽车上了一个小小山坡，绕着晋祠的背后过去时，忽然间我们才惊异地抓住车窗，望着那一角正殿的侧影，爱不忍释。相信晋祠虽成"名胜"却仍为"古迹"无疑。那样魁伟的殿顶，雄大的斗拱，深远的出檐，到汽车过了对面山坡时，尚巍巍在望，非常醒目。晋祠全部的布置，则因有树木看不清楚，但范围不小，却也是一望可知。

我们惭愧不应因其列为名胜而即定其不古，故相约一月后归途至此下车，虽不能详察或测量，至少亦得浏览摄影，略考其年代结构。

由汾回太原时我们在山西已过了月余的旅行生活，心力俱疲，远带着种种行李什物，诸多不便，但因那一角殿宇常在心目中，无论如何不肯失之交臂，所以到底停下来预备作半日的勾留，如果错过那末后一趟公共汽车回太原的话，也只好听天由命，晚上再设法露宿或住店！

在那种不便的情形下，带着一不做，二不休的拼命心理，我们下了那挤到水泄不通的公共汽车，在大堆行李中捡出我们的"粗重细软"——由杏花村的酒坛子到峪道河边的兰芝种子——累累赘赘的，背着掮着，到车站里安顿时，我们几乎埋怨到晋祠的建筑太像样——如果花花簇簇地来个乾隆重建，我们这些麻烦不全省了么？

但是一进了晋祠大门，那一种说不出的美丽辉映的大花园，使我们惊喜愉悦，过于初时的期望。无以名之，只得叫它做花园。其实晋祠布置又像庙观的院落，又像华丽的宫苑，全部兼有开敞堂皇的局面和曲折深邃的雅趣，大殿楼阁在古树婆娑池流映带之间，实像个放大的私家园亭。

所谓唐槐周柏，虽不能断其为原物，但枝干奇伟，虬曲横卧，煞是可观。池水清碧，游鱼闲逸，还有后山石级小径楼观石亭各种衬托。各殿雄壮，巍然其间，使初进园时的印象，感到俯仰堂皇，左右秀媚，无所不适。虽然再进去即发见近代名流所增建的中西合璧的丑怪小亭子等等，夹杂其间。

圣母庙为晋祠中间最大的一组建筑；除正殿外，尚有前面"飞梁"（即十字木桥）、献殿及金人台、牌楼等等，今分述如下：

正殿 晋祠圣母庙大殿，重檐歇山顶，面阔七间进深六间，平面几成方形，在布置上，至为奇特。殿身五间，副阶周匝。但是前廊之深为两间，内槽深三间，故前廊异常空敞，在我们尚属初见。

斗拱的分配，至为疏朗。在殿之正面，每间用补间铺作一朵，侧面则仅梢间用补间铺作。下檐斗拱五铺作，单拱出两跳；柱头出双下昂，补间出单杪单下昂。上檐斗拱六铺作，单拱出三跳，柱头出双杪单下昂，补间出单杪双下昂，第一跳偷心，但饰以翼形拱。但是在下昂的形式及用法上，这里又是一种未曾得见的奇例。柱头铺作上极长大的昂嘴两层，与地面完全平行，与柱成正角，下面平，上面斫顱，并未将昂嘴向下斜斫或斜插，亦不求其与补间铺作的真下昂平行，完全真率地坦然放在那里，诚然是大胆诚实的做法。在补间铺作上，第一层昂昂尾向上挑起，第二层则将与令拱相交的耍头加长斫成昂嘴形，并不与真昂平行地向外伸出。这种做法与正定龙兴寺摩尼殿斗拱极相似，至于其豪放生动，似较之尤胜。在转角铺作上，各层昂及由昂均水平地伸出，由下面望去，颇呈高爽之象。山面除梢间外，均不用补间铺作。斗拱彩画与《营造法式》卷三十四"五彩遍装"者极相似。虽属后世重装，当是古法。

这殿斗拱俱用单拱，泥道单拱上用柱头枋四层，各层枋间用斗垫托。阑额狭而高，上施薄而宽的普拍枋。角柱上只普拍枋出头，阑额不出。平柱至角柱间，有显著的生起。梁架为普通平置的梁,殿内因黑暗,时间匆促,未得细查。前殿因深两间,故在四椽栿上立童柱,以承上檐,童柱与相对之内柱间,除斗拱上之乳栿及扎牵外,柱头上更用普拍枋一道以相固济。

按卫聚贤《晋祠指南》,称圣母庙为宋天圣年间建。由结构法及外形姿势看来,较《营造法式》所订的做法的确更古拙豪放,天圣之说当属可靠。

献殿 献殿在正殿之前,中隔放生池。殿三间,歇山顶。与正殿结构法手法完全是同一时代同一规制之下的。斗拱单拱五铺作;柱头铺作双下昂,补间铺作单杪单下昂,第一跳偷心,但饰以小小翼形拱。正面每间用补间铺作一朵,山面唯正中间用补间铺作。柱头铺作的双下昂,完全平置,后尾承托梁下,昂嘴与地面平行,如正殿的昂。补间则下昂后尾挑起,耍头与令拱相交,长长伸出,斫作昂嘴形。两殿斗拱外面不同之点,唯在令拱之上,正殿用通长的挑檐枋,而献殿则用替木。斗拱后尾唯下昂挑起,全部偷心,第二跳跳头安梭形"拱",单独的昂尾挑在平槫之下。至于柱头普拍枋,与正殿完全相同。

献殿的梁架,只是简单的四椽栿上放一层平梁,梁身简单轻巧,不弱不费,故能经久不坏。

殿之四周均无墙壁，当心间前后辟门，其余各间在坚厚的槛墙之上安直棂栅栏，如《营造法式》小木作中之叉子，当心间门扇亦为直棂栅栏门。

殿前阶基上铁狮子一对，极精美，筋肉真实，灵动如生。左狮胸前文曰"太原文水弟子郭丑牛兄……政和八年四月二十六日"，座后文为"灵石县任章常柱任用段和定……"，右狮字不全，只余"乐善"二字。

飞梁 正殿与献殿之间，有所谓"飞梁"者，横跨鱼沼之上。在建筑史上，这"飞梁"是我们现在所知的唯一的孤例。本刊五卷一期中，刘敦桢先生在《石轴柱桥述要》一文中，对于石柱桥有详细的申述，并引《关中记》及《唐六典》中所记录的石柱桥。就晋祠所见，则在池中立方约三十公分的石柱若干，柱上端微卷杀如殿宇之柱；柱上有普拍枋相交，其上置斗，斗上施十字拱相交，以承梁或额。在形制上这桥诚然极古，当与正殿献殿属于同一时期。而在名称上尚保存着古名，谓之飞梁，这也是极罕贵值得注意的。

金人 献殿前牌楼之前，有方形的台基，上面四角上各立铁人一，谓之金人台。四金人之中，有两个是宋代所铸，其西南角金人胸前铸字，为宋故绵州魏城令刘植……等于绍圣四年立。像塑法平庸，字体尚佳。其中两个近代补铸，一清朝，一民国，塑铸都同等的恶劣。

晋祠范围以内，尚有唐叔虞祠，关帝庙等处，匆促未得入览，只好俟诸异日。唐贞观碑原石及后代另摹刻的一碑均存，且有碑亭妥为保护。

山西民居

门楼 山西的村落无论大小，很少没有一个门楼的。村落的四周，并不一定都有围墙，但是在大道入村处，必须建一座这种纪念性建筑物，提醒旅客，告诉他又到一处村镇了。河北境内虽也有这种布局，但究竟不如山西普遍。

山西民居的建筑也非常复杂，由最简单的穴居到村里深邃富丽的财主住宅院落，到城市中紧凑细致的讲究房子，颇有许多特殊之点，值得注意的。但限于篇幅及不多的相片，只能略举一二，详细分类研究，只能等待以后的机会了。

穴居 穴居之风，盛行于黄河流域，散见于河南、山西、陕西、甘肃诸省，龙非了先生在本刊五卷一期《穴居杂考》一文中，已讨论得极为详尽。这次在山西随处得见；

穴内冬暖夏凉，住居颇为舒适，但空气不流通，是一个极大的缺憾。穴窑均作抛物线形，内部有装饰极精者，窑壁抹灰，乃至用油漆护墙。窑内除火炕外，更有衣橱桌椅等等家具。窑穴时常据在削壁之旁，成一幅雄壮的风景画，或有穴门权衡优美纯净，可在建筑术中称上品的。

砖窑 这并非北平所谓烧砖的窑，乃是指用砖发券的房子而言。虽没有向深处研究，我们若说砖窑是用砖来摹仿崖旁的土窑，当不至于大错。这是因住惯了穴居的人，要脱去土窑的短处，如潮湿，土陷的危险等等，而保存其长处，如高度的隔热力等，所以用砖砌成窑形，三眼或五眼，内部可以互通。为要压下券的推力，故在两旁须用极厚的墙墩；为要使券顶坚固，故须用土作撞券。这种极厚的墙壁，自然有极高的隔热力的。

这种窑券顶上，均用砖墁平，在秋收的时候，可以用作暴晒粮食的露台。或防匪时村中临时城楼，因各家窑顶多相联，为便于升上窑顶，所以窑旁均有阶级可登。山西的民居，无论贫富，什九以上都有砖窑或土窑的，乃至在寺庙建筑中，往往也用这种做法。在赵城至霍山途中，适过一所建筑中的砖窑，颇饶趣味。

在这里我们要特别介绍在霍山某民居门上所见的木版

印门神,那种简洁刚劲的笔法,是匠画中所绝无仅有的。

磨坊 磨坊虽不是一种普通的民居,但是住着却别有风味。磨坊利用急流的溪水做发动力,所以必须引水入室下,推动机轮,然后再循着水道出去流入山溪。因磨粉机不息的震动,所以房子不能用发券,而用特别粗大的梁架。因求面粉洁净,坊内均铺光润的地板。凡此种种,都使得磨坊成一种极舒适凉爽,又富有雅趣的住处,尤其是峪道河深山深溪之间,世外桃源里,难怪被人看中做消夏最合宜的别墅。

由全部的布局上看来,山西的村野的民居,最善利用地势,就山崖的峻缓高下,层层叠叠,自然成画!使建筑在它所在的地上,如同自然由地里长出来,权衡适宜,不带丝毫勉强,无意中得到建筑术上极难得的优点。

农庄内民居 就是在很小的村庄之内,庄中富有的农人也常有极其讲究的房子,这种房子和北方城市中的"瓦房"同一模型,皆以"四合头"为基本,分配的形式,中加屏门,垂花门等等。其与北平通常所见最不同处有四点:

一、在平面上,假设正房向南,东西厢房的位置全在北房"通面阔"的宽度以内,使正院成一南北长东西窄,狭长的一条,失去四方的形式。这个布置在平面上当然是省了许多地盘，比将厢房移出正房通面阔以外经济，且因其如此，正房及厢房的屋顶（多半平顶）极容易联络，石梯的位置，就可在厢房北头，夹在正房与厢房之间，上到某层便可分两面，一面旁转上到厢房屋顶，又一面再上几级可达正房顶。

二、虽说是瓦房，实仍为平顶砖窑，仅留前廊或前檐部分用斜坡青瓦。侧面看去实像砖墙前加用"雨搭"。

三、屋外观印象与所谓三开间同，但内部却仍为三窑眼，窑与窑间亦用发券门，印象完全不似寻常堂屋。

四、屋的后面女儿墙上做成城楼式的箭垛，所以整个房子后身由外面看去直成一座堡垒。

城市中民居 如介休灵石城市中民房与村落中讲究的大同小异，但多有楼，如用窑造亦仅限于下层。城中房屋栉比，拥挤不堪，平面布置尤其经济，不多占地盘，正院比普通的更瘦窄。

一房与他房间多用夹道，大门多在曲折的夹道内，不像北平房子之庄重均衡，虽然内部则仍沿用一正两厢的规模。

这种房子最特异之点，在瓦坡前后两片不平均的分配。房脊靠后许多，约在全进深四分之三的地方，所以前坡斜长,后坡短促,前檐玲珑,后墙高垒,作内秀外雄的样子,倒极合理有趣。

赵城霍州的民房所占地盘较介休一般从容得多。赵城房子的檐廊部分尤多繁富的木雕,院内真是画梁雕栋琳琅满目,房子虽大,联络甚好,因厢房与正屋多相连属,可通行。

山庄财主的住房　这种房子在一个庄中可有两三家,遥遥相对,仍可以令人想象到当日的气焰。其所占地面之大,外墙之高,砖石木料上之工艺,楼阁别院之复杂,均出于我们意料之外甚多。灵石往南,在汾水东西有几个山庄,背山临水,不宜耕种,其中富户均经商别省,发财后回来筑舍显耀宗族的。

房子造法形式与其他山西讲究房子相同,但较近于北平官式,做工极其完美。外墙石造雄厚惊人,有所谓"百尺楼"者,即此种房子的外墙,依着山崖筑造,楼居其上。由庄外遥望,十数里外犹可见,百尺矗立,崔嵬奇伟,足镇山河,为建筑上之荣耀!

结尾

这次晋汾一带暑假的旅行，正巧遇着同蒲铁路兴工期间，公路被毁，给我们机会将三百余里的路程，慢慢地细看，假使坐汽车或火车，则有许多地方都没有停留的机会，我们所错过的古建，是如何的可惜。

山西因历代争战较少，故古建筑保存得特多。我们以前在河北及晋北调查古建筑所得的若干见识，到太原以南的区域，若观察不慎，时常有以今乱古的危险。在山西中部以南，大个儿斗拱并不稀罕，古制犹存。但是明清期间山西的大斗拱，斗拱昂嘴的卷杀，极其弯矫，斜拱用得毫无节制，而斗拱上加入纤细的三福云一类的无谓雕饰，允其暴露后期的弱点，所以在时代的鉴别上，仔细观察，还不十分扰乱。

殿宇的制度，有许多极大的寺观，主要的殿宇都用悬山顶，如赵城广胜下寺的正殿前殿，上寺的正殿等，与清代对于殿顶的观念略有不同。同时又有多种复杂的屋顶结构，如霍县火星圣母庙，文水县开栅镇圣母庙等等，为明清以后官式建筑中所少见。有许多重要的殿宇，檐椽之上不用飞椽，有时用而极短。明清以后的作品，雕饰偏于繁缛，尤其屋顶上的琉璃瓦，制瓦者往往为对于一件一题雕塑的兴趣所驱，而忘却了全部的布局，甚悖建筑图案简洁的美德。

发券的建筑，为山西一个重要的特征，其来源大概是由于穴居而起，所以民居庙宇莫不用之，而自成一种特征，如太原的永祚寺大雄宝殿，是中国发券建筑中的主要作品，我们虽然怀疑它是受了耶稣会士东来的影响，但若没有山西原有通用的方法，也不会形成那样一种特殊的建筑的。在券上筑楼，也是山西的一种特征，所以在古剧里，凡以山西为背景的，多有上楼下楼的情形，可见其为一种极普遍的建筑法。

赵城县广胜寺在结构上最特殊，所以我们在最近的将来，即将前往详究。晋祠圣母庙的正殿，飞梁，献殿，为宋天圣间重要的遗构，我们也必须去作进一步的研究的。

原载于1935年《中国营造学社汇刊》第5卷第3期

第三章

如果我们到了连祖宗传留下的家产都没有能力清理，或保护；

乃至于让家里的至宝毁坏散失，或竟拿到旧货摊上变卖；

这现象却又恰恰证明我们这做子孙的没有出息，

智力德行已经都到了不能再堕落的田地。

睁着眼睛向旧有的文艺喝一声：

"去你的，咱们维新了，革命了，用不着再留丝毫旧有的任何智识或技艺了。"

这话不但不通，简直是近乎无赖！

芬奇——具有伟大远见的建筑工程师

林徽因

《最后的晚餐》和《蒙娜丽莎》像，这两幅文艺复兴全盛时期的名画，是每一个艺术学生所认识的杰作，因此每一个艺术学生都熟识它们的作者——伟大的辽奥纳多·达·芬奇。他不但是杰出的艺术家，而且是杰出的科学家。

达·芬奇青年时期的环境是意大利手工业生产最旺盛的文化发达的佛罗仑斯，他居留过十余年的米兰是以制造钢铁器和丝织著名的工业大城。从早年起，对于任何工作，芬奇就是不断地在自然现象中寻找规律，要在实践中认识真理，提高人的力量来克服自然，使它为生活服务。他反对当时教会的迷信愚昧，也反对当时学究们的抽象空洞的推论。他认为"不从实验中产生的科学都是空的、错误的；实验是一切真实性的源泉"，并说："只会实行而没有科学的人，正如水手航海而没有舵和指南针一样。实践必须永远以健全的理论为基础。"他一生的工作都是依据了这样的见解而进行的。

关于芬奇在艺术和自然科学方面的贡献，已有很多专文，本文只着重介绍他在土木工程和建筑范围内所进行的活动和所主张的方向。

在建筑方面，芬奇同他的前后时代大名鼎鼎的建筑师们是极不相同的。虽然他的名字常同文艺复兴大建筑师们相提并列，但他并没有一个作品如教堂，或大厦之类留存到今天（除却一处在法国布洛阿宫尚无法证实而非常独特的螺旋楼梯之外）。不但如此，研究他的史料的人都还知道他的许多设计，几乎每个都不曾被采用；而部分接受他的意见的工程，今天或已不存或无确证可以证明哪一部分曾用过他的设计或建议的。但是他在工程和建筑方面的实际影响又是不可否认的。在他同时代和较晚的记录上，他的建筑师地位总是受到公认的。这问题在哪里呢？在于他的建筑上和工程上的见解，和他的其他许多贡献一样，是远远地走在时代的前面的先驱者的远见。他的许多计划之所以不能实现，正是因为它们远远超过了那时代的社会制度和意识，超过了当时意大利封建统治者的短视和自私自利的要求，为他们所不信任、所忽视或阻挠。当时的许多建筑设计，由指派建筑师到选择和决定，大都是操在封建贵族手中的。而在同行之间，由于达·芬奇参加监修许多的工程和竞选过设计，且做过无数草图和建议，他的杰出的理论和方法，独创的发明，就都传播了很大的影响。

达·芬奇是在画师门下学习绘画的，但当时的画师常兼长雕刻，并且或能刻石，或能铸铜，又常须同建筑师密切合作，自己多半也都是能作建筑设计的建筑师。他们都是一切能自己动手的匠师。在这样的时代里成长的达·芬奇，他的才艺的多面性本不足惊奇，可异的是在每一部门的工作中，他的深入的理解和全面性的发展都是他的后代在数十年乃至数世纪中，汇集了无数人的智慧才逐渐达到的。而他却早就有远见地、勇敢地摸索前进，不断地研究、尝试和计划过。

达·芬奇对建筑工程的理解是超过一般人局限于单座建筑物的形式部署和建造的。虽然在达·芬奇的时代，最主要建筑活动是设计穹窿顶的大教堂和公侯的府第等，以艺术的布局和形式为重点，且以雕石、刻像的富丽装潢为主要工作；但达·芬奇所草拟过的建筑工程领域却远超过这个狭隘的范围。他除了参加竞赛设计过教堂建筑，如米兰和帕维亚大教堂、佛罗伦斯的圣罗伦索的立面等；监修过米兰的堡垒和公爵府内部；设计并负责修造过小纪念室和避暑庄园中小亭子之外，他所自动提出的建筑设计的范围极广，种类很多，且主要都是以改善生活为目标的。例如他尽心地设计改善卫生的公厕和马厩；设计并详尽地绘制了后来在荷兰才普遍的水力风车的碾房的图样；他建议设计大量标准工人住宅；他做了一个志在消除拥挤和不卫生环境的庞大的米兰城改建的计划；他曾设计并监修过好几处的水利工程、灌溉水道，最重要的，如佛罗仑斯和毗萨之间的运河。他为阿尔诺河绘制过美丽而详细的地图，建议控制河的上下游，以便利许多可以利用水力作为发动力的工业；他充满信心地认为这是可以同时繁荣沿河几个城市的计划。这个策划正是今天最进步的计划经济中的"区域计划"的先声。

都市计划和区域计划都是达·芬奇去世四百多年以后，二十世纪的人们才提出解决的建筑问题。他的计划就是在现在也只有在先进的社会主义国家里才有力量认真实行和发展的。在十五、十六世纪的年代里，他的一切建筑工程计划或不被采用，或因得不到足够和普遍的支持，半途而废，是可以理解的。但达·芬奇一生并不因计划受挫，或没有实行，而失掉追求真理和不断作理智策划的勇气。直到他的晚年，在逝世以前，他在法国还做了鲁尔河和宋河间运河的计划，且目的在灌溉、航运、水力三方面的利益。

对于改造自然，和平建设，他是具有无比信心的。

达·芬奇的都市计划的内容中，项目和方向都是正确的，它是由实际出发，解决最基本的问题的。虽受当时的社会制度和条件的限制，但主要是要消除城市的拥挤所造成的疾病、不卫生、不安宁和不愉快的环境。一四八四至八六年间米兰鼠疫猖狂的教训，使他草拟了他的改建米兰的计划。达·芬奇大胆地将米兰分划为若干区，为减少人口的密度，喧哗嘈杂，疾病的传播，恶劣的气味和其他不卫生情形，他建议建造十个城区，每城区房屋五千，人口三万。他建议把城市建置在河岸或海边，以便设置排泄污水垃圾的暗沟系统，利用流水冲洗一切藏垢到河内。他建议设置街巷上的排水明沟和暗沟衔接，以免积存雨水和污物；建造规格化的工人住宅，建造公厕，改革市民的不卫生的习惯，注意烟囱的构造，将烟和臭气驱逐出城；且为保证市内空气和阳光，街道的宽度和房屋的高度要有一定的比例。在十五、十六世纪间，都市建设的重点在防御工程，城市的本身往往被视为次要的附属品，达·芬奇生在意大利各城市时常受到统治者之间争夺战威胁的时代，他的职务很多次都是监修堡垒，加固防御工程，但他所关心的却是城市本身和平居民的生活。但当时愚昧自私的卢多维柯是充耳不闻，无心接受这种建议的。

对于建筑工业的发展方向，达·芬奇也有预见。近代的"预制房屋"，他就曾做过类似的建议。当他在法国乡镇的时候，木材是那里主要的建筑材料，因为是夏天行宫所在，有大量房屋的需要，他曾建议建造可移动的房屋，各部分先在城市作坊中预制，可以运至任何地点随时很快地装置起来。

达·芬奇的"区域计划"的例子，是修建佛罗仑斯和毗萨之间的运河。他估计到这个水利工程可以繁荣那一带好几个城镇，如普拉图、皮斯托亚、毗萨、佛罗仑斯本身，乃至于卢卡。他相信那是可以促进许多工业生产的措施，因此他不但向地方行政负责方面建议，同时他也劝各工商行会给予支持。尤其是毛织业行会，它是佛罗仑斯最主要工业之一。达·芬奇认为还有许许多多手工业作坊都可以沿河建置，以利用水的动力，如碾坊、丝织业作坊、窑业作坊、熔铁、磨刀、做纸等作坊。他还特别提到纺丝可以给上百的女工以职业。用他自己的话说："如果我们能控制阿尔诺河的上下游，每个人，如果他要的话，在每一公顷的土地上都可以得到珍宝。"他曾因运河中段地区有一处地势高起，设计过在不同高度的水平上航行的工程计划。十六世纪的传记家伐莎利说，达·芬奇每天都在制图或作模型，说明如何容易地可以移山开河！这正说明这位天才工程师是如何地确信人的力量能克服自然，为更美好的生活服务。这就是我们争取和平的人们要向他学习的精神。

此外，达·芬奇对个别建筑工程见解的正确性也应该充分提到。他在建筑的体形组织的艺术性风格之外，还有意识地着重建筑工程上两个要素。一是工具效率对于完善工程的重要，一是建筑的坚固和康健必须倚赖自然科学知识的充实。这是多么正确和进步的见解。关于工具的重视，例如他在米兰的初期，正在作斯佛尔查铜像时，每日可以在楼上望见正在建造而永无法完工的米兰大教堂，他注意到工人搬移石像、起运石柱的费力，也注意到他们木工用具效率之低，于是时常在他手稿上设计许多工具的画样，如掘地基和起石头的器具，铲子、锥子、搬土的手推车等等。十多年后，当他监修运河工程时，他观察到工人每挖一铲土所需要的动作次数，计算每工两天所能挖的土方。他自己设计了一种用牛力的挖土升降机，计算它每日上下次数和人工作了比较。这种以精确数字计算效率是到了近代才应用的方法，当时达·芬奇却已了解它在工程中的重要了。

关于工程和建筑的关系，他对于建筑工程的看法可以从他给米兰大教堂负责人的信中一段来代表他的见解。信中说:"就如同医生和护士需要知道人和生命和健康的性质,知道各种因素之平衡与和谐保持了人和生命和健康,或是各种因素之不和谐危害并毁灭它们一样……同样的,这个有病的教堂也需要这一切;它需要一个'医生建筑师',他懂得一个建筑物的性质,懂得正确建造方法所须遵守的法则,以及这些法则的来源与类别,和使一座建筑物存在并能永久的原因。"他是这样地重视"医生建筑师",而所谓"医生建筑师"的任务则是他那不倦地追求自然规律的精神。

在建筑的艺术作风方面,达·芬奇是在"高特"①建筑末期,古典建筑重新被发现被采用的时代,他的设计是很自然地把高特结构的基础和古典风格相结合。他的作风因此非常近似于拜占庭式的特征,——那个古典建筑和穹窿顶结合所产生的格式,以小型的穹窿顶衬托中心特大的穹窿圆顶。在豪放和装饰性方面,芬奇所倾向的风格都不是古罗马所曾有,也不同于后来文艺复兴的典型作风。例如他的米兰教堂和帕维亚教堂的设计中所拟的许多稿图,把各种可能的结合和变化都尝试了。他强调正十字形的平面,所谓"希腊十字形",而避免前部较长的"拉丁十字形"的

---

① 今译哥特。——编者注

平面。他明白正十字形平面更适合于穹窿顶的应用，无论从任何一面都可以瞻望教堂全部的完整性，不致被较长的一部所破坏。今天罗马圣彼得教堂就因前部的过分扩充而受到损失的。达·芬奇在教堂设计的风格上，显示他对体形组织也是极端敏感并追求完美的。至于他的幻想力的充沛，对结构原理的谙熟，就表现在戏剧布景、庆贺的会场布置和庭园部署等方面。他所做过的卓越的设计，许多曾是他所独创，而且是引导出后代设计的新发展。如果在法国布洛阿宫中的旋梯楼确是他所设计，我们更可以看出他对于螺旋结构的兴趣和他的特殊的作风；但因证据不足，我们不能这样断定。他在当时就设计过一个铁桥，而铁桥是到了十八世纪末叶在英国才能够初次出现。凡此种种都说明他是一个建筑和工程的天才，建筑工程界的先进的巨人。

和他的许多方面一样，达·芬奇在建筑工程的领域中，有着极广的知识和独到的才能。不断观察自然、克服自然、永有创造的信心，是他一贯的精神。他的理想和工作是人类文化的宝藏。这也就足以说明为什么在今天争取和平的世界里，我们要热烈地纪念他。

原载于1952年5月3日《人民日报》第3版

我们的首都

林徽因

中山堂

我们的首都是这样多方面的伟大和可爱,每次我们都可以从不同的事物来介绍和说明它,来了解和认识它。我们的首都是一个最富于文化建筑的名城;从文物建筑来介绍它,可以更深刻地感到它的伟大与罕贵。下面这个镜头就是我要在这里首先介绍的一个对象。

它是中山公园内的中山堂。你可能已在这里开过会,或因游览中山公园而认识了它;你也可能是没有来过首都而希望来的人,愿意对北京有个初步的了解。让我来介绍一下吧,这是一个愉快的任务。

这个殿堂的确不是一个寻常的建筑物;就是在这个满是文物建筑的北京城里,它也是极其罕贵的一个。因为它是这个古老的城中最老的一座木构大殿,它的年龄已有五百三十岁了。它是十五世纪二十年代的建筑,是明朝永乐由南京重回北京建都时所造的许多建筑物之一，也是明初工艺最旺盛的时代里，我们可尊敬的无名工匠们所创造的、保存到今天的一个实物。

这个殿堂过去不是帝王的宫殿，也不是佛寺的经堂；它是执行中国最原始宗教中祭祀仪节而设的坛庙中的"享殿"。中山公园过去是"社稷坛"，就是祭土地和五谷之神的地方。

凡是坛庙都用柏树林围绕，所以环境优美，成为现代公园的极好基础。社稷坛全部包括中央一广场，场内一方坛，场四面有短墙和棂星门；短墙之外，三面为神道，北面为享殿和寝殿；它们的外围又有红围墙和美丽的券洞门。正南有井亭，外围古柏参天。

中山堂的外表是个典型的大殿。白石镶嵌的台基和三道石阶，朱漆合抱的并列立柱，精致的门窗，青绿彩画的阑额，由于综错木材所组成的"斗拱"和檐椽等所造成的建筑装饰，加上黄琉璃瓦巍然耸起，微曲的坡顶，都可说是典型的，但也正是完整而美好的结构。它比例的稳重，尺度的恰当，也恰如它的作用和它的环境所需要的。它的内部不用天花顶棚，而将梁架斗拱结构全部外露，即所谓"露明造"的格式。我们仰头望去，就可以看见每一块结构的构材处理得有如装饰画那样美丽，同时又组成了巧妙的图案。当然，传统的青绿彩绘也更使它灿烂而华贵。但是明初遗物的特征是木材的优良（每柱必是整料，且以楠木为主），和匠工砍削榫卯的准确，这些都不是在外表上显著之点，而是属于它内在的品质的。

中国劳动人民所创造的这样一座优美的、雄伟的建筑物，过去只供封建帝王愚民之用，现在回到了人民的手里，它的效能，充分地被人民使用了。一九四九年八月，北京市第一届人民代表会议，就是在这里召开的。两年多来，这里开过各种会议百余次。这大殿是多么恰当地用作各种工作会议和报告的大礼堂！而更巧的是同社稷坛遥遥相对的太庙，也已用作首都劳动人民的文化宫了。

北京市劳动人民文化宫

北京市劳动人民文化宫是首都人民所熟悉的地方。它在天安门的左侧，同天安门右侧的中山公园正相对称。它所占的面积很大，南面和天安门在一条线上，北面背临着紫禁城前的护城河，西面由故宫前的东千步廊起，东面到故宫的东墙根止，东西宽度恰是紫禁城的一半。这里是四百零八年以前（明嘉靖二十三年，一五四四年）劳动人民所辛苦建造起来的一所规模宏大的庙宇。它主要是由三座大殿、三进庭院所组成；此外，环绕着它的四周的，是一片蓊郁古劲的柏树林。

这里过去称做"太庙"，只是沉寂地供着一些死人牌位和一年举行几次皇族的祭祖大典的地方。解放以后，一九五〇年国际劳动节，这里的大门上挂上了毛主席亲笔题的匾额——"北京市劳动人民文化宫"，它便活跃起来了。在这里面所进行的各种文化娱乐活动经常受到首都劳动人民的热烈欢迎，以至于这里林荫下的庭院和大殿里经常挤满了人，假日和举行各种展览会的时候，等待入门的行列有时一直排到天安门前。

在这里，各种文化娱乐活动是在一个特别美丽的环境中进行的。这个环境的特点有二：

一、它是故宫中工料特殊精美而在四百多年中又丝毫未被伤毁的一个完整的建筑组群。

二、它的平面布局是在祖国的建筑体系中，在处理空间的方法上最卓越的例子之一。不但是它的内部布局爽朗而紧凑，在虚实起伏之间，构成一个整体，并且它还是故宫体系总布局的一个组成部分，同天安门、端门和午门有一定的关系。如果我们从高处下瞰，就可以看出文化宫是以一个广庭为核心，四面建筑物环抱，北面是建筑的重点。它不单是一座单独的殿堂，而是前后三殿：中殿与后殿都各有它的两厢配殿和前院；前殿特别雄大，有两重屋檐，三层石基，左右两厢是很长的廊庑，像两臂伸出抱拢着前面广庭。南面的建筑很简单，就是入口的大门。在这全组建筑物之外，环绕着两重有琉璃瓦饰的红墙，两圈红墙之间，是一周苍翠的老柏树林。南面的树林是特别大的一片，造成浓荫，和北头建筑物的重点恰相呼应。它们所留出的主要空间就是那个可容万人以上的广庭，配合着两面的廊子。这样的一种空间处理，是非常适合于户外的集体活动的。这也是我们祖国建筑的优良传统之一。这种布局与中山公园中社稷坛部分完全不同，但在比重上又恰是对称的。如果说社稷坛是一个四条神道由中心向外展开的坛（仅在北面有两座不高的殿堂），文化宫则是一个由四面殿堂廊屋围拢来的庙。这两组建筑物以端门前庭为锁钥，和午门、天安门是有机地联系着的。在文化宫里如果我们由下往上看，不但可以看到北面重檐的正殿巍然而起，并且可以看到午门上的五凤楼一角正成了它的西北面背景，早晚云霞，金瓦翚飞，气魄的雄伟，给人极深刻的印象。

故宫三大殿

北京城里的故宫中间,巍然崛起的三座大宫殿是整个故宫的重点,"紫禁城"内建筑的核心。以整个故宫来说,那样庄严宏伟的气魄;那样富于组织性,又富于图画美的体形风格;那样处理空间的艺术;那样的工程技术,外表轮廓,和平面布局之间的统一的整体,无可否认的,它是全世界建筑艺术的绝品,它是一组伟大的建筑杰作,它也是人类劳动创造史中放出异彩的奇迹之一。我们有充足的理由,为我们这"世界第一"而骄傲。

三大殿的前面有两段作为序幕的布局,是值得注意的。第一段,由天安门,经端门到午门,两旁长列的"千步廊"是个严肃的开端。第二段在午门与太和门之间的小广场,更是一个美丽的前奏。这里一道弧形的金水河,和河上五道白石桥,在黄瓦红墙的气氛中,北望太和门的雄劲,这个环境适当地给三殿做了心理准备。

太和、中和、保和三座殿是前后排列着同立在一个庞大而崇高的工字形白石殿基上面的。这种台基过去称"殿陛",共高二丈,分三层,每层有刻石栏杆围绕,台上列铜鼎等。台前石阶三列，左右各一列，路上都有雕镂隐起的龙凤花纹。这样大尺度的一组建筑物，是用更宏大尺度的庭院围绕起来的。广庭气魄之大是无法形容的。庭院四周有廊屋，太和与保和两殿的左右还有对称的楼阁和翼门，四角有小角楼。这样的布局是我国特有的传统，常见于美丽的唐宋壁画中。

三殿中，太和殿最大，也是全国最大的一个木构大殿。横阔十一间，进深五间，外有廊柱一列，全个殿内外立着八十四根大柱。殿顶是重檐的"庑殿式"瓦顶，全部用黄色的琉璃瓦，光泽灿烂，同蓝色天空相辉映。底下彩画的横额和斗拱，朱漆柱，金琐窗，同白石阶基也作了强烈的对比。这个殿建于康熙三十六年（一六九七），已有三百五十五岁，而结构整严，完好如初。内部渗金盘龙柱和上部梁枋藻井上的彩画虽稍剥落，但仍然华美动人。

中和殿在工字基台的中心，平面为正方形，宋元工字殿当中的"柱廊"竟蜕变而成了今天的亭子形的方殿。屋顶是单檐"攒尖顶"，上端用渗金圆顶为结束。此殿是清初顺治三年的原物，比太和殿又早五十余年。

保和殿立在工字形殿基的北端，东西阔九间，每间尺度又都小于太和殿，上面是"歇山式"殿顶，它是明万历的"建极殿"原物,未经破坏或重建的。至今上面童柱上还留有"建极殿"标识。它是三殿中年寿最老的,已有三百三十七年的历史。

三大殿中的两殿,一前一后,中间夹着略为低小的单位所造成的格局,是它美妙的特点。要用文字形容三殿是不可能的,而同时因环境之大,摄影镜头很难把握这三殿全部的雄姿。深刻的印象,必须亲自进到那动人的环境中,才能体会得到。

北海公园

在二百多万人口的城市中,尤其是在布局谨严,街道引直,建筑物主要都左右对称的北京城中,会有像北海这样一处水阔天空,风景如画的环境,据在城市的心脏地带,实在令人料想不到,使人惊喜。初次走过横亘在北海和中海之间的金鳌玉𬭼桥的时候,望见隔水的景物,真像一幅画面,给人的印象尤为深刻。耸立在水心的琼华岛,山巅白塔,林间楼台,受晨光或夕阳的渲染,景象非凡特殊,湖岸石桥上的游人或水面小船,处处也都像在画中。池沼园林是近代城市的肺腑,藉以调节气候,美化环境,休息精神；北海风景区对全市人民的健康所起的作用是无法衡量的。北海在艺术和历史方面的价值都是很突出的，但更可贵的还是在它今天回到了人民手里，成为人民的公园。

我们重视北海的历史，因为它也就是北京城历史重要的一段。它是今天的北京城的发源地。远在辽代（十一世纪初），琼华岛的地址就是一个著名的台，传说是"萧太后台"；到了金朝（十二世纪中），统治者在这里奢侈地为自己建造郊外离宫：凿大池，改台为岛，移北宋名石筑山，山巅建美丽的大殿。元忽必烈攻破中都，曾住在这里。元建都时，废中都旧城，选择了这离宫地址作为他的新城，大都皇宫的核心，称北海和中海为太液池。元的三个宫分立在两岸，水中前有"瀛洲圆殿"，就是今天的团城，北面有桥通"万岁山"，就是今天的琼华岛。岛立太液池中，气势雄壮，山巅广寒殿居高临下，可以远望西山，俯瞰全城，是忽必烈的主要宫殿，也是全城最突出的重点。明毁元三宫，建造今天的故宫以后，北海和中海的地位便不同了，也不那样重要了。统治者把两海改为游宴的庭园，称作"内苑"。广寒殿废而不用，明万历时坍塌。清初开辟南海，增修许多庭园建筑，北海北岸和东岸都有个别幽静的单位。北海面貌最显著的改变是在一六五一年，琼华岛广寒殿旧址上，建造了今天所见的西藏式白塔。岛正南半山殿堂也改为佛寺，由石阶直升上去，遥对团城。这个景象到今天已保持整整三百年了。

北海布局的艺术手法是继承宫苑创造幻想仙境的传统，所以它以琼华岛仙山楼阁的姿态为主：上面是台殿亭馆；中间有岩洞石室；北面游廊环抱，廊外有白石栏楯，长达三百米；中间漪澜堂，上起轩楼为远帆楼，和北岸的五龙亭隔水遥望，互见缥缈，是本着想象的仙山景物而安排的。湖心本植莲花，其间有画舫来去。北岸佛寺之外，还作小西天，又受有佛教画的影响。其他如桥亭堤岸，多少是模拟山水画意。北海的布局是有着丰富的艺术传统的。它的曲折有趣、多变化的景物，也就是它最得游人喜爱的因素。同时更因为它的水面宏阔，林岸较深，尺度大，气魄大，最适合于现代青年假期中的一切活动：划船、滑水、登高远眺，北海都有最好的条件。

天坛

天坛在北京外城正中线的东边，占地差不多四千亩，围绕着有两重红色围墙。墙内茂密参天的老柏树，远望是一片苍郁的绿荫。由这树林中高高耸出深蓝色伞形的琉璃瓦顶,它是三重檐子的圆形大殿的上部,尖端上闪耀着涂金宝顶。这是祖国一个特殊的建筑物,世界闻名的天坛祈年殿。由南方到北京来的火车,进入北京城后,车上的人都可以从车窗中见到这个景物。它是许多人对北京文物建筑最先的一个印象。

天坛是过去封建主每年祭天和祈祷丰年的地方,封建的愚民政策和迷信的产物;但它也是过去辛勤的劳动人民用血汗和智慧所创造出来的一种特殊美丽的建筑类型,今天有着无比的艺术和历史价值。

天坛的全部建筑分成简单的两组,安置在平舒开朗的环境中,外周用深深的树林围护着。南面一组主要是祭天的大坛,称做"圜丘",和一座不大的圆殿,称"皇穹宇"。北面一组就是祈年殿和它的后殿——皇乾殿、东西配殿和前面的祈年门。这两组相距约六百米,有一条白石大道相联。两组之外,重要的附属建筑只有向东的"斋宫"一处。外面两周的围墙,在平面上南边一半是方的,北边一半是半圆形的。这是根据古代"天圆地方"的说法而建筑的。

圜丘是祭天的大坛,平面正圆,全部白石砌成;分三层,高约一丈六尺;最上一层直径九丈,中层十五丈,底层二十一丈。每层有石栏杆绕着,三层栏板共合成三百六十块,象征"周天三百六十度"。各层四面都有九步台阶。这座坛全部尺寸和数目都用一、三、五、七、九的"天数"或它们的倍数,是最典型的封建迷信结合的要求。但在这种苛刻条件下,智慧的劳动人民却在造形方面创造出一个艺术杰作。这座洁白如雪、重叠三层的圆坛,周围环绕着玲珑像花边般的石刻栏杆,形体是这样的美丽,它永远是个可珍贵的建筑物,点缀在祖国的地面上。

圜丘北面棂星门外是皇穹宇。这座单檐的小圆殿的作用是存放神位木牌(祭天时"请"到圜丘上面受祭,祭完送回)。最特殊的是它外面周绕的围墙,平面作成圆形,只在南面开门。墙面是精美的磨砖对缝,所以靠墙内任何一点,向墙上低声细语,他人把耳朵靠近其他任何一点,都可以清晰听到。人们都喜欢在这里做这种"声学游戏"。

祈年殿是祈谷的地方,是个圆形大殿,三重蓝色琉璃瓦檐,最上一层上安金顶。殿的建筑用内外两周的柱,每周二十根,里面更立四根"龙井柱"。圆周十二间都安格扇门,没有墙壁,庄严中呈显玲珑。这殿立在三层圆坛上,坛的样式略似圜丘而稍大。

天坛部署的规模是明嘉靖年间制定的。现存建筑中,圜丘和皇穹宇是清乾隆八年（一七四三）所建。祈年殿在清光绪十五年雷火焚毁后，又在第二年（一八九〇）重建。祈年门和皇乾殿是明嘉靖二十四年（一五四五）原物。现在祈年门梁下的明代彩画是罕有的历史遗物。

颐和园

在中国历史中，城市近郊风景特别好的地方，封建主和贵族豪门等总要独霸或强占，然后再加以人工的经营来做他们的"禁苑"或私园。这些著名的御苑、离宫、名园，都是和劳动人民的血汗和智慧分不开的。他们凿了池或筑了山，建造亭台楼阁，栽植了树木花草，布置了回廊曲径，桥梁水榭，在许许多多巧妙的经营与加工中，才把那些离宫或名园提到了高度艺术的境地。现在，这些可宝贵的祖国文化遗产，都已回到人民手里了。

北京西郊的颐和园，在著名的圆明园被帝国主义侵略军队毁了以后，是中国四千年封建历史里保存到今天的最后的一个大"御苑"。颐和园周围十三华里，园内有山有湖。倚山临湖的建筑单位大小数百，最有名的长廊，东西就长达一千几百尺，共计二百七十三间。

颐和园的湖、山基础，是经过金、元、明三朝所建设的。清朝规模最大的修建开始于乾隆十五年（一七五〇），当时本名清漪园，山名万寿，湖名昆明。一八六〇年，清漪园和圆明园同遭英法联军毒辣的破坏。前山和西部大半被毁，只有山巅琉璃砖造的建筑和"铜亭"得免。

前山湖岸全部是光绪十四年（一八八八）所重建。那时西太后那拉氏专政，为自己做寿，竟挪用了海军造船费来修建，改名颐和园。

颐和园规模宏大，布置错杂，我们可以分成后山、前山、东宫门、南湖和西堤等四大部分来了解它的。

第一部后山，是清漪园所遗留下的艺术面貌，精华在万寿山的北坡和坡下的苏州河。东自"赤城霞起"关口起，山势起伏，石路回转，一路在半山经"景福阁"到"智慧海"，再向西到"画中游"。一路沿山下河岸，处处苍松深郁或桃树错落，是初春清明前后游园最好的地方。山下小河（或称后湖）曲折，忽狭忽阔；沿岸摹仿江南风景，故称"苏州街"，河也名"苏州河"。正中北宫门入园后，有大石桥跨苏州河上，向南上坡是"后大庙"旧址，今称"须弥灵境"。这些地方，今天虽已剥落荒凉，但环境幽静，仍是颐和园最可爱的一部。东边"谐趣园"是仿无锡惠山园的风格,当中荷花池,四周有水殿曲廊,极为别致。西面通到前湖的小苏州河,岸上东有"买卖街"(现已不存),俨如江南小镇。更西的长堤垂柳和六桥是仿杭州西湖六桥建设的。这些都是摹仿江南山水的一个系统的造园手法。

第二部前山湖岸上的布局,主要是排云殿、长廊和石舫。排云殿在南北中轴线上。这一组由临湖一座牌坊起,上到排云殿,再上到佛香阁;倚山建筑,巍然耸起,是前山的重点。佛香阁是八角攒尖顶的多层建筑物,立在高台上,是全山最高的突出点。这一组建筑的左右还有"转轮藏"和"五芳阁"等宗教建筑物。附属于前山部分的还有半山上几处别馆如"景福阁""画中游"等。沿湖的长廊和中线成丁字形;西边长廊尽头处,湖岸转北到小苏州河,傍岸处就是著名的"石舫",名清宴舫。前山着重侈大、堂皇富丽,和清漪园时代重视江南山水的曲折大不相同;前山的安排,是"仙山蓬岛"的格式,略如北海琼华岛,建筑物倚山层层上去,成一中轴线,以高耸的建筑物为结束。湖岸有石栏和游廊。对面湖心有远岛,以桥相通,也如北海团城。只是岛和岸的距离甚大,通到岛上的十七孔长桥,不在中线,而由东堤伸出,成为远景。

第三部是东宫门入口后的三大组主要建筑物:一是向

东的仁寿殿,它是理事的大殿;二是仁寿殿北边的德和园,内中有正殿、两廊和大戏台;三是乐寿堂,在德和园之西。这是那拉氏居住的地方。堂前向南临水有石台石阶,可以由此上下船。这些建筑拥挤繁复,像城内府第,堵塞了入口,向后山和湖岸的合理路线被建筑物阻挡割裂,今天游园的人,多不知有后山,进仁寿殿或德和园之后,更有迷惑在院落中的感觉,直到出了荣寿堂西门,到了长廊,才豁然开朗,见到前面湖山。这一部分的建筑物为全园布局上的最大弱点。

  第四部是南湖洲岛和西堤。岛有五处,最大的是月波楼一组,或称龙王庙,有长桥通东堤。其他小岛非船不能达。西堤由北而南呈一弧线,分数段,上有六座桥。这些都是湖中的点缀,为北岸的远景。

天宁寺塔

  北京广安门外的天宁寺塔,是北京城内和郊外的寺塔中完整立着的一个最古的建筑纪念物。这个塔是属于一种特殊的类型:平面作八角形,砖筑实心,外表主要分成高座、单层塔身和上面的多层密檐三部分。座是重叠的两组须弥座,每组中间有一道"束腰",用"间柱"分成格子,每格中刻一浅龛,中有浮雕,上面用一周砖刻斗拱和栏杆,故极富于装饰性。座以上只有一单层的塔身,托在仰翻的大莲瓣上,塔身四正面有拱门,四斜面有窗,还有浮雕力神像等。塔身以上是十三层密密重叠着的瓦檐。第一层檐以上,各檐中间不露塔身,只见斗拱;檐的宽度每层缩小,逐渐向上递减,使塔的轮廓成缓和的弧线。塔顶的"刹"是佛教的象征物,本有"覆钵"和很多层"相轮",但天宁寺塔上只有宝顶,不是一个刹,而十三层密檐本身却有了相轮的效果。

这种类型的塔,轮廓甚美,全部稳重而挺拔。层层密檐的支出使檐上的光和檐下的阴影构成一明一暗;重叠而上,和素面塔身起反衬作用,是最引人注意的宜于远望的处理方法。中间塔身略细,约束在檐以下、座以上,特别显得窈窕。座的轮廓也因有伸出和缩紧的部分,更美妙有趣。塔座是塔底部的重点,远望清晰伶俐;近望则见浮雕的花纹、走兽和人物,精致生动,又恰好收到最大的装饰效果。它是砖造建筑艺术中的极可宝贵的处理手法。

分析和比较祖国各时代各类型的塔,我们知道南北朝和隋的木塔的形状,但实物已不存。唐代遗物主要是砖塔,都是多层方塔,如西安的大雁塔和小雁塔。唐代虽有单层密檐塔,但平面为方形,且无须弥座和斗拱,如嵩山的永泰寺塔。中原山东等省以南,山西省以西,五代以后虽有八角塔,而非密檐,且无斗拱,如开封的"铁塔"。在江南,五代两宋虽有八角塔,却是多层塔身的,且塔身虽砖造,每层都用木造斗拱和木檩托檐,如苏州虎丘塔,罗汉院双塔等。检查天宁寺塔每一细节,我们今天可以确凿地断定它是辽代的实物,清代石碑中说它是"隋塔"是错误的。

这种单层密檐的八角塔只见于河北省和东北。最早有年月可考的都属于辽金时代(十一至十三世纪),如房山云居寺南塔北塔,正定青塔,通州塔,辽阳白塔寺塔等。但明清还有这形制的塔,如北京八里庄塔。从它们分布的地域和时代看来,这类型的塔显然是契丹民族的劳动人民和当时移居辽区的汉族匠工们所合力创造的伟绩,是他们对于祖国建筑传统的一个重大贡献。天宁寺塔经过这九百多年的考验,仍是一座完整而美丽的纪念性建筑,它是今天北京最珍贵的艺术遗产之一。

北京近郊的三座"金刚宝座塔"

——西直门外五塔寺塔、德胜门外西黄寺塔和香山碧云寺塔

北京西直门外五塔寺的大塔,形式很特殊;它是建立在一个巨大的台子上面,由五座小塔所组成的。佛教术语称这种塔为"金刚宝座塔"。它是摹仿印度佛陀伽蓝的大塔建造的。

金刚宝座塔的图样,是一四一三年(明永乐时代)西番班迪达来中国时带来的。永乐帝朱棣,封班迪达做大国师,建立大正觉寺——即五塔寺——给他住。到了一四七三年(明成化九年)便在寺中仿照了中印度式样,建造了这座金刚宝座塔。清乾隆时代又仿照这个类型,建造了另外两座。一座就是现在德胜门外的西黄寺塔,另一座是香山碧云寺塔。这三座塔虽同属于一个格式,但每座各有很大变化,和中国其他的传统风格结合而成。它们具体地表现出祖国劳动人民灵活运用外来影响的能力,他们有大胆变化、不限制于摹仿的创造精神。在建筑上,这样主动地吸收外国影响和自己民族形式相结合的例子是极值得注意的。同时,介绍北京这三座塔并指出它们的显著的异同,也可

以增加游览者对它们的认识和兴趣。

五塔寺在西郊公园北面约二百米。它的大台高五丈，上面立五座密檐的方塔，正中一座高十三层四角每座高十一层。中塔的正南，阶梯出口的地方有一座两层檐的亭子，上层瓦顶是圆的。大台的最底层是个"须弥座"，座之上分五层，每层伸出小檐一周，下雕并列的佛龛，龛和龛之间刻菩萨立像。最上层是女儿墙，也就是大台的栏杆。这些上面都有雕刻，所谓"梵花、梵宝、梵字、梵像"。大台的正门有门洞，门内有阶梯藏在台身里，盘旋上去，通到台上。

这塔全部用汉白玉建造，密密地布满雕刻。石里所含铁质经过五百年的氧化，呈现出淡淡的橙黄的颜色，非常温润而美丽。过于烦琐的雕饰本是印度建筑的弱点，中国匠人却创造了自己的适当的处理。他们智慧地结合了祖国的手法特征，努力控制了凹凸深浅的重点。每层利用小檐的伸出和佛龛的深入，做成阴影较强烈的部分，其余全是极浅的浮雕花纹。这样，便纠正了一片杂乱繁缛的感觉。

西黄寺塔，也称做班禅喇嘛净化城塔，建于一七七九年。这座塔的形式和大正觉寺塔一样，也是五座小塔立在一个大台上面。所不同的，在于这五座塔本身的形式。它的中央一塔为西藏式的喇嘛塔（如北海的白塔），而它的四角小塔，却是细高的八角五层的"经幢"；并且在平面上，四小塔的座基突出于大台之外，南面还有一列石阶引至台上。中央塔的各面刻有佛像、草花和凤凰等，雕刻极为细致富丽，四个幢主要一层素面刻经，上面三层刻佛金与莲瓣。全组呈窈窕玲珑的印象。

碧云寺塔和以上两座又都不同。它的大台共有三层，底下两层是月台，各有台阶上去。最上层做法极像五塔寺塔，刻有数层佛龛，阶梯也藏在台身内。但它上面五座塔之外，南面左右还有两座小喇嘛塔，所以共有七座塔了。

这三处仿中印度式建筑的遗物，都在北京近郊风景区内。同式样的塔，国内只有昆明官渡镇有一座，比五塔寺塔更早了几年。

鼓楼、钟楼和什刹海

北京城在整体布局上，一切都以城中央一条南北中轴线为依据。这条中轴线以永定门为南端起点，经过正阳门、天安门、午门、前三殿、后三殿、神武门、景山、地安门一系列的建筑重点，最北就结束在鼓楼和钟楼那里。北京的钟楼和鼓楼不是东西相对,而是在南北线上,一前、一后的两座高耸的建筑物。北面城墙正中不开城门,所以这条长达八公里的南北中线的北端就终止在钟楼之前。这个伟大气魄的中轴直穿城心的布局是我们祖先杰出的创造。鼓楼面向着广阔的地安门大街,地安门是它南面的"对景",钟楼峙立在它的北面,这样三座建筑便合成一组庄严的单位,适当地作为这条中轴线的结束。

鼓楼是一座很大的建筑物,第一层雄厚的砖台,开着三个发券的门洞。上面横列五间重檐的木构殿楼,整体轮廓强调了横亘的体形。钟楼在鼓楼后面不远,是座直立耸起、全部砖石造成的建筑物;下层高耸的台,每面只有一个发券门洞。台上钟亭也是每面一个发券的门。全部使人有浑雄坚实的矗立的印象。钟、鼓两楼在对比中,一横一直,形成了和谐美妙的组合。明朝初年智慧的建筑工人,和当时的"打图样"的师父们就这样朴实、大胆地创造了自己市心的立体标志,充满了中华民族特征的不平凡的风格。

钟、鼓楼西面俯瞰什刹海和后海。这两个"海"是和北京历史分不开的。它们和北海、中海、南海是一个系统的五个湖沼。十二世纪中建造"大都"的时候,北海和中海被划入宫苑(那时还没有南海),什刹海和后海留在市区内。当时有一条水道由什刹海经现在的北河沿、南河沿、六国饭店出城通到通州,衔接到运河。江南运到的粮食便在什刹海卸货,那里船帆桅杆十分热闹,它的重要性正相同于我们今天的前门车站。到了明朝,水源发生问题,水运只到东郊,什刹海才丧失了作为交通终点的身份。尤其难得的是它外面始终没有围墙把它同城区阻隔,正合乎近代最理想的市区公园的布局。

海的四周本有十座佛寺,因而得到"什刹"的名称。这十座寺早已荒废。满清末年,这里周围是茶楼、酒馆、和杂耍场子等。但湖水逐渐淤塞,虽然夏季里香荷一片,而水质污秽、蚊虫孳生已威胁到人民的健康。解放后人民自己的政府首先疏浚全城水道系统,将什刹海掏深,砌了石岸,使它成为一片清澈的活水,又将西侧小湖改为可容四千人的游泳池。两年来那里已成劳动人民夏天中最喜爱的地点。垂柳倒影,隔岸可遥望钟楼和鼓楼,它已真正地成为首都的风景区。并且这个风景区还正在不断地建设中。

在全市来说,由地安门到钟、鼓楼和什刹海是城北最好的风景区的基础。现在鼓楼上面已是人民的第一文化馆,小海已是游泳池,又紧接北海。这一个美好环境,由钟、鼓楼上远眺更为动人。不但如此,首都的风景区是以湖沼为重点的，水道的连结将成为必要。什刹海若予以发展，将来可能以金水河把它同颐和园的昆明湖结连起来。那样，人们将可以在假日里从什刹海坐着小船经由美丽的西郊，直达颐和园了。

雍和宫

北京城内东北角的雍和宫，是二百十几年来北京最大的一座喇嘛寺院。喇嘛教是蒙、藏两族所崇奉的宗教，但这所寺院因为建筑的宏丽和佛像雕刻等的壮观，一向都非常著名，所以游览首都的人们，时常来到这里参观。这一组庄严的大建筑群，是过去中国建筑工人以自己传统的建筑结构技术来适应喇嘛教的需要所创造的一种宗教性的建筑类型，就如同中国工人曾以本国的传统方法和民族特征解决过回教的清真寺，或基督教的礼拜堂的需要一样。这寺院的全部是一种符合特殊实际要求的艺术创造，在首都的文物建筑中间，它是不容忽视的一组建筑遗产。

雍和宫曾经是胤禛（清雍正）做王子时的府第。在一七三四年改建为喇嘛寺。

雍和宫的大布局，紧凑而有秩序，全部由南北一条中轴线贯穿着。由最南头的石牌坊起到"琉璃花门"是一条"御道"——也像一个小广场。两旁十几排向南并列的僧房就是喇嘛们的宿舍。由琉璃花门到雍和门是一个前院，这个前院有古槐的幽荫，南部左右两角立着钟楼和鼓楼，北部左右有两座八角的重檐亭子，更北的正中就是雍和门；雍和门规模很大，才经过修缮油饰。由此北进共有三个大庭院，五座主要大殿阁。第一院正中的主要大殿称做雍和宫，它的前面中线上有碑亭一座和一个雕刻精美的铜香炉，两边配殿围绕到它后面一殿的两旁，规模极为宏壮。

全寺最值得注意的建筑物是第二院中的法轮殿，其次便是它后面的万佛楼。它们的格式都是很特殊的。法轮殿主体是七间大殿，但它的前后又各出五间"抱厦"，使平面成十字形。殿的瓦顶上面突出五个小阁，一个在正脊中间，两个在前坡的左右，两个在后坡的左右。每个小阁的瓦脊中间又立着一座喇嘛塔。由于宗教上的要求，五塔寺金刚宝座塔的型式很巧妙地这样组织到纯粹中国式的殿堂上面，成了中国建筑中一个特殊例子。

万佛楼在法轮殿后面，是两层重檐的大阁。阁内部中间有一尊五丈多高的弥勒佛大像，穿过三层楼井，佛像头部在最上一层的屋顶底下。据说这个像的全部是由一整块檀香木雕成的。更特殊的是万佛楼的左右另有两座两层的阁,从这两阁的上层用斜廊——所谓飞桥——和大阁相联系。这是敦煌唐朝画中所常见的格式,今天还有这样一座存留着,是很难得的。

雍和宫最北部的绥成殿是七间,左右楼也各是七间,都是两层的楼阁,在我们的最近建设中,我们极需要参考本国传统的楼屋风格,从这一组两层建筑物中,是可以得到许多启示的。

故宫

北京的故宫现在是首都的故宫博物院。故宫建筑的本身就是这博物院中最重要的历史文物。它综合形体上的壮丽、工程上的完美和布局上的庄严秩序,成为世界上一组最优异、最辉煌的建筑纪念物。它是我们祖国多少年来劳动人民智慧和勤劳的结晶,它有无比的历史和艺术价值。全宫由"前朝"和"内廷"两大部分组成;四周有城墙围绕,墙下是一周护城河,城四角有角楼,四面各有一门:正南是午门,门楼壮丽称五凤楼;正北称神武门;东西两门称东华门、西华门,全组统称"紫禁城"。隔河遥望红墙、黄瓦、宫阙、角楼的任何一角都是宏伟秀丽,气象万千。

前朝正中的三大殿是宫中前部的重点,阶陛三层,结构崇伟,为建筑造形的杰作。东侧是文华殿,西侧是武英殿,这两组与太和门东西并列,左右衬托,构成三殿前部的格局。

内廷是封建皇帝和他的家族居住和办公的部分。因为是所谓皇帝起居的地方,所以借重了许多严格部署的格局和外表形式上的处理来强调这独夫的"至高无上"。因此内廷的布局仍是采用左右对称的格式,并且在部署上象征天上星宿等等。例如内廷中间乾清、坤宁两宫就是象征天地,中间过殿名交泰,就取"天地交泰"之义。乾清宫前面的东西两门名曰精、月华,象征日月。后面御花园中最北一座大殿——钦安殿,内中还供奉着"玄天上帝"的牌位。故宫博物院称这部分作"中路",它也就是前王殿中轴线的延续,也是全城中轴的一段。

"中路"两旁两条长夹道的东西,各列六个宫,每三个为一路,中间有南北夹道。这十二个宫象征十二星辰。它们后部每面有五个并列的院落,称东五所、西五所,也象征众星拱辰之义。十二宫是内宫眷属"妃嫔""皇子"等的住所和中间的"后三殿"就是紫禁城后半部的核心。现在博物院称东西六宫等为"东殿"和"西殿",按日轮流开放,西六宫曾经改建,储秀和翊坤两宫之间增建一殿,成了一组。长春和太极之间也添建一殿,成为一组,格局稍变。东六宫中的延禧,曾参酌西式改建"水晶宫"而未成。

　　三路之外的建筑是比较不规则的。主要的有两种:一种是在中轴两侧,东西两路的南头,十二宫前面的重要前宫殿。西边是养心殿一组,它正在"外朝"和"内廷"之间偏东的位置上,是封建主实际上日常起居的地方。中轴东边与它约略对称的是斋宫和奉先殿。这两组与乾清宫的关系就相等于文华、武英两殿与太和殿的关系。另一类是核心外围规模较十二宫更大的宫。这些宫是建筑给封建主的母后居住的。每组都有前殿、后寝、周围廊子、配殿、宫门等。西边有慈宁、寿康、寿安等宫,其中夹着一组佛教庙宇雨花阁,规模极大,总称为"外西路"。东边的"外东路"只有直串南北、范围巨大的宁寿宫一组。它本是玄烨(康熙)的母亲所居,后来弘历(乾隆)将政权交给儿子,自己退老住在这里,曾增建了许多繁缛巧丽的亭园建筑,所以称为"乾隆花园"。它是故宫后部核心以外最特殊也最奢侈的一个建筑组群,且是清代日趋烦琐的宫廷趣味的代表作。

故宫后部虽然"千门万户",建筑密集,但它们仍是有秩序的布局。中轴之外,东西两侧的建筑物也是以几条南北轴线为依据的。各轴线组成的建筑群以外的街道形成了细长的南北夹道。主要的东一长街和西一长街的南头就是通到外朝的"左内门"和"右内门",它们是内廷和前朝联系的主要交通线。

除去这些"宫"与"殿"之外,紫禁城内还有许多服务单位如上驷院、御膳房和各种库房及值班守卫之处。但威名煊赫的"南书房"和"军机处"等宰相大臣办公的地方,实际上只是乾清门旁边几间廊庑房舍。军机处还不如上驷院里一排马厩!封建帝王残酷地驱役劳动人民为他建造宫殿,养尊处优,享乐排场无所不至,而即使是对待他的军机大臣也仍如奴隶。这类事实可由故宫的建筑和布局反映出来。紫禁城全部建筑也就是最丰富的历史材料。

原载于1952年《新观察》

闲谈关于古代建筑的一点消息
（附梁思成君通讯四则）

林徽因

在这整个民族和他的文化，均在挣扎着他们垂危的运命的时候，凭你有多少关于古代艺术的消息，你只感到说不出口的难受！艺术是未曾脱离过一个活泼的民族而存在的；一个民族衰败湮灭，他们的艺术也就跟着消沉僵死。知道一个民族在过去的时代里，曾有过丰富的成绩，并不保证他们现在仍然在活跃繁荣的。

但是反过来说，如果我们到了连祖宗传留下的家产都没有能力清理，或保护；乃至于让家里的至宝毁坏散失，或竟拿到旧货摊上变卖；这现象却又恰恰证明我们这做子孙的没有出息，智力德行已经都到了不能再堕落的田地。睁着眼睛向旧有的文艺喝一声："去你的，咱们维新了，革命了，用不着再留丝毫旧有的任何智识或技艺了。"这话不但不通，简直是近乎无赖！

话是不能说到太远，题目里已明显地提过有关古建筑的消息在这里,不幸我们的国家多故,天天都是迫切的危难临头,骤听到艺术方面的消息似乎觉到有点不识时宜,但是,相信我——上边已说了许多——这也是我们当然会关心的一点事,如果我们这民族还没有堕落到不认得祖传宝贝的田地。

这消息简单地说来,就是新近有几个死心眼的建筑师,放弃了他们盖洋房的好机会,卷了铺盖到各处测绘几百年前他们同行中的先进,用他们当时的一切聪明技艺,所盖惊人的伟大建筑物,在我投稿时候正在山西应县辽代的八角五层木塔前边。

山西应县的辽代木塔,说来容易,听来似乎也平淡无奇,值不得心多跳一下,眼睛睁大一分。但是西历一〇五六到现在,算起来是整整的八百七十七年。古代完全木构的建筑物高到二百八十五尺,在中国也就剩这一座独一无二的应县佛宫寺塔了。比这塔更早的木构专家已经看到,加以认识和研究的,在国内的只不过五处而已。

中国建筑的演变史在今日还是个谜,将来如果有一天,我们有相当的把握写部建筑史时,那部建筑史也就可以像一部最有趣味的侦探小说,其中主要的人物给侦探以相当方便和线索的,左不是那几座现存的最古遗物。现在唐代木构在国内还没找到一个，而宋代所刊《营造法式》又还有困难不能完全解释的地方，这距唐不久，离宋全盛时代还早的辽代，居然遗留给我们一些顶呱呱的木塔、高阁、佛殿、经藏，帮我们抓住前后许多重要的关键，这在几个研究建筑的死心眼人看来，已是了不起的事了。

我最初对于这应县木塔似乎并没有太多的热心，原因是思成自从知道了有这个塔起，对于这塔的关心，几乎超过他自己的日常生活。早晨洗脸的时候，他会说"上应县去不应该是太难吧"。吃饭的时候，他会说"山西都修有顶好的汽车路了"。走路的时候，他会忽然间笑着说，"如果我能够去测绘那应州塔，我想，我一定……"他话常常没有说完，也许因为太严重的事怕语言亵渎了，最难受的一点是他根本还没有看见过这塔的样子，连一张模糊的相片，或翻印都没有见到！

有一天早上，在我们少数信件之中，我发现有一个纸包，寄件人的住址却是山西应县××斋照相馆！——这才是侦探小说有趣的一页，——原来他想了这么一个方法写封信"探投山西应县最高等照相馆"，弄到一张应州木塔的相片。我只得笑着说阿弥陀佛，他所倾心的幸而不是电影明星！这照相馆的索价也很新鲜，他们要一点北平的信纸和信笺作酬金,据说因为应县没有南纸店。

时间过去了三年让我们来夸他一句"有志者事竟成"吧,这位思成先生居然在应县木塔前边——何止,竟是上边,下边,里边,外边——绕着测绘他素仰的木塔了。

通讯一

……大同工作已完,除了华严寺外都颇详尽,今天是到大同以来最疲倦的一天,然而也就是最近于道途应县的一天了,十分高兴。明晨七时由此搭公共汽车赴岱,由彼换轿车"起早",到即电告。你走后我们大感工作不灵,大家都用愉快的意思回忆和你各处同作的畅顺,悔惜你走得太早。我也因为想到我们和应塔特殊的关系,悔不把你硬留下同去瞻仰。家里放下许久实在不放心,事情是绝对没有办法,可恨。应县工作约四五日可完,然后再赴×县……

通讯二

昨晨七时由同乘汽车出发,车还新,路也平坦,有时竟走到每小时五十里的速度,十时许到岱岳。岱岳是山阴县一个重镇，可是雇车费了两个钟头才找到，到应县时已八点。

离县二十里已见塔，由夕阳返照中见其闪烁，一直看到它成了剪影，那算是我对于这塔的拜见礼。在路上因车摆动太甚，稍稍觉晕，到后即愈。县长养有好马，回程当借匹骑走，可免受晕车苦罪。

……

今天正式地去拜见佛宫寺塔，绝对的Overwhelming，好到令人叫绝，喘不出一口气来半天！

塔共有五层，但是下层有副阶（注：重檐建筑之次要一层，宋式谓之副阶），上四层，每层有平坐，（实算共十层）因梁架斗拱之不同，每层须量俯视、仰视、平面各一；共二十个平面图要画！塔平面是八角，每层须做一个正中线和一个斜中线的断面。斗拱不同者三四十种，工作是意外的繁多，意外的有趣，未来前的"五天"工作预算恐怕不够太多。

塔身之大，实在惊人，每面开三间，八面完全同样。我的第一个感触，便是可惜你不在此，同我享此眼福，不然我真不知你要几体投地地倾倒！回想在大同善化寺暮色里同向着塑像瞪目咋舌的情形，使我愉快得不愿忘记那一刹那人生稀有的由审美本能所触发的锐感。尤其是同几个兴趣同样的人在同一个时候浸在那锐感里边。士能忘情时那句"如果元明以后有此精品，我的刘字倒挂起来了"，我时常还听得见。这塔比起大同诸殿更加雄伟，单是那高度已可观，士能很高兴他竟听我们的劝说没有放弃这一处，同来看看，虽然他要不待测量先走了。

应县是一个小小的城，是一个产盐区，在地下掘下不深就有咸水，可以煮盐，所以是个没有树的地方，在塔上看全城，只数到十四棵不很高的树！

工作繁重，归期怕要延长很多，但一切吃住都还舒适，住处离塔亦不远，请你放心。……

通讯三

士能已回，我同莫君留此详细工作，离家已将一月却似更久。想北平正是秋高气爽的时候。非常想家！

相片已照完，十层平面全量了，并且非常精细，将来誊画正图时可以省事许多。明天起，量斗拱和断面，又该飞檐走壁了。我的腿已有过厄运，所以可以不怕。现在做熟了，希望一天可做两层，最后用仪器测各檐高度和塔刹，三四天或可竣工。

这塔真是个独一无二的伟大作品，不见此塔，不知木构的可能性，到了什么程度。我佩服极了，佩服建造这塔的时代，和那时代里不知名的大建筑师，不知名的匠人。

这塔的现状尚不坏，虽略有朽裂处。八百七十余年的风雨它不动声色地承受。并且它还领教过现代文明：民十六七年间冯玉祥攻山西时，这塔曾吃了不少的炮弹，痕迹依然存在，这实在叫我脸红。第二层有一根泥道拱竟为打去一节，第四层内部阑额内尚嵌着一弹，未经取出，而最下层西面两檐柱都有碗口大小的孔，正穿通柱身，可谓无独有偶。此外枪孔无数，幸而尚未打倒，也算是这塔的福气。现在应县人士有捐钱重修之议，将来回平后将不免为他们奔走。

×县至今无音信，虽然前天已发电去询问，若两三天内回信来，与大同诸寺略同则不去，若有唐代特征如人字拱（！），鸱尾等等，则一步一磕头也是要去的！……

通讯四

这两天工作颇顺利，塔第五层（即顶层）的横截面已做了一半，明天可以做完。断面做完之后，将有顶上之行，实测塔顶相轮之高；然后楼梯，栏杆，格扇的详样；然后用仪器测全高及方向；然后抄碑；然后检查损坏处，以备将来修理。我对这座伟大建筑物目前的任务,便暂时告一段落了。

今天工作将完时,忽然来了一阵"不测的风云"。在天晴日美的下午五时前后狂风暴雨,雷电交作。我们正在最上层梁架上,不由得不感到自身的危险,不单是在二百八十多尺高将近千年的木架上,而且紧在塔顶铁质相轮之下,电母风伯不见得会讲特别交情。我们急着爬下,则见实测记录册子已被吹开,有一页已飞到栏杆上了。若再迟半秒钟,则十天的功作有全部损失的危险,我们追回那一页后,急步下楼——约五分钟——到了楼下,却已有一线骄阳,由蓝天云隙里射出,风雨雷电已全签了停战协定了。我抬头看塔仍然存在,庆祝它又避过了一次雷打的危险,在急流成渠的街道(?)上,回到住处去。

我在此每天除爬塔外,还到××斋看了托我买信笺的那位先生。他因生意萧条,现在只修理钟表而不照相了。……

这一段小小的新闻,抄用原来的通讯,似乎比较可以增加读者的兴趣,又可以保存朝拜这古塔的人的工作时的印象和经过,又可以省却写这段消息的人说出旁枝的话。虽然在通讯里没讨论到结构上的专门方面,但是在那一部侦探小说里也自成一章,至少那××斋照相馆的事例颇有始有终,思成和这塔的姻缘也可算圆满。

关于这塔,我只有一桩事要加附注。在佛宫寺的全部平面布置上,这塔恰恰在全寺的中心,前有山门、钟楼、鼓楼东西两侧配殿,后面有桥道平台,台上还有东西两配殿和大配。这是个极有趣的布置,至少我们疑心古代的伽蓝有许多是如此把高塔放在当中的。

原载于1933年10月7日《大公报·文艺副刊》第5期

第四章

我们怀疑或许就是人身上那一撮精神同机体的感觉,

生理心理所共起的情感,所激发出的一串行为,

所聚敛的一点智慧——那么一点点人之所以为人的表现。

宇宙万物客观的本无所可珍惜,反映在人性上的山川草木禽兽

才开始有了秀丽,有了气质,有了灵犀。

悼志摩

林徽因

十一月十九日我们的好朋友,许多人都爱戴的新诗人,徐志摩突兀地、不可信地、惨酷地,在飞机上遇险而死去。这消息在二十日的早上像一根针刺猛触到许多朋友的心上,顿使那一早的天墨一般的昏黑,哀恸的咽哽锁住每一个人的嗓子。

志摩……死……谁曾将这两个句子联在一处想过!他是那样活泼的一个人,那样刚刚站在壮年的顶峰上的一个人。朋友们常常惊讶他的活动,他那像小孩般的精神和认真,谁又会想到他死?

突然地,他闯出我们这共同的世界,沉入永远的静寂,不给我们一点预告,一点准备,或是一个最后希望的余地。这种几乎近于忍心的决绝,那一天不知震麻了多少朋友的心?现在那不能否认的事实,仍然无情地挡住我们前面。任凭我们多苦楚地哀悼他的惨死,多迫切地希冀能够仍然接触到他原来的音容,事实是不会为体贴我们这悲念而有些须更改；而他也再不会为不忍我们这伤悼而有些须活动的可能！这难堪的永远静寂和消沉便是死的最残酷处。

我们不迷信地，没有宗教地望着这死的帷幕，更是丝毫没有把握。张开口我们不会呼吁，闭上眼不会入梦，徘徊在理智和情感的边沿，我们不能预期后会，对这死，我们只是永远发怔，吞咽枯涩的泪，待时间来剥削这哀恸的尖锐，痂结我们每次悲悼的创伤。那一天下午初得到消息的许多朋友不是全跑到胡适之先生家里么？但是除却拭泪相对，默然围坐外，谁也没有主意，谁也不知有什么话说，对这死！

谁也没有主意，谁也没有话说！事实不容我们安插任何的希望，情感不容我们不伤悼这突兀的不幸，理智又不容我们有超自然的幻想！默然相对，默然围坐……而志摩则仍是死去没有回头，没有音讯，永远地不会回头，永远地不会再有音讯。

我们中间没有绝对信命运之说的，但是对着这不测的人生，谁不感到惊异，对着那许多事实的痕迹又如何不感到人力的脆弱，智慧的有限。世事尽有定数？世事尽是偶然？对这永远的疑问我们什么时候能有完全的把握？

在我们前边展开的只是一堆坚质的事实：

"是的,他十九晨有电报来给我……

"十九早晨,是的!说下午三点准到南苑,派车接……

"电报是九时从南京飞机场发出的……

"刚是他开始飞行以后所发……

"派车接去了,等到四点半……说飞机没有到……

"没有到……航空公司说济南有雾……很大……"

只是一个钟头的差别;下午三时到南苑,济南有雾!谁相信就是这一个钟头中便可以有这么不同事实的发生,志摩,我的朋友!

他离平的前一晚我仍见到,那时候他还不知道他次晨南旅的,飞机改期过三次,他曾说如果再改下去,他便不走了的。我和他同由一个茶会出来,在总布胡同口分手。在这茶会里我们请的是为太平洋会议来的一个柏雷博士,因为他是志摩生平最爱慕的女作家曼殊斐儿的姊丈,志摩十分的殷勤;希望可以再从柏雷口中得些关于曼殊斐儿早年的影子,只因限于时间,我们茶后匆匆地便散了。晚上我有约会出去了,回来时很晚,听差说他又来过,适遇我们夫妇刚走,他自己坐了一会儿,喝了一壶茶,在桌上写了些字便走了。我到桌上一看:

——"定明早六时飞行,此去存亡不卜……"我怔住了,心中一阵不痛快,却忙给他一个电话。

"你放心,"他说,"很稳当的,我还要留着生命看更伟大的事迹呢,哪能便死?……"

话虽是这样说,他却是已经死了整两周了!

凡是志摩的朋友,我相信全懂得,死去他这样一个朋友是怎么一回事!

现在这事实一天比一天更结实,更固定,更不容否认。志摩是死了,这个简单惨酷的实际早又添上时间的色彩,一周,两周,一直地增长下去……

我不该在这里语无伦次地尽管呻吟我们做朋友的悲哀情绪。归根说,读者抱着我们文字看,也就是像志摩的请柏雷一样,要从我们口里再听到关于志摩的一些事。这个我明白,只怕我不能使你们满意,因为关于他的事,动听的,使青年人知道这里有个不可多得的人格存在的,实在太多,绝不是几千字可以表达得完。谁也得承认像他这样的一个人世间便不轻易有几个的,无论在中国或是外国。

我认得他,今年整十年,那时候他在伦敦经济学院,尚未去康桥。我初次遇到他,也就是他初次认识到影响他迁学的逖更生先生。不用说他和我父亲最谈得来。虽然他们年岁上差别不算少,一见面之后便互相引为知己。他到康桥之后由迹更生介绍进了皇家学院,当时和他同学的有我姊丈温君源宁。一直到最近两月中源宁还常在说他当时的许多笑话,虽然说是笑话,那也是他对志摩最早的一个惊异的印象。志摩认真的诗情,绝不含有丝毫矫伪,他那种痴,那种孩子似的天真实能令人惊讶。源宁说,有一天他在校舍里读书,外边下了倾盆大雨——唯是英伦那样的岛国才有的狂雨——忽然他听到有人猛敲他的房门,外边跳进一个被雨水淋得全湿的客人。不用说他便是志摩,一进门一把扯着源宁向外跑,说快来我们到桥上去等着。这一来把源宁怔住了,他问志摩等什么在这大雨里。志摩睁大了眼睛,孩子似的高兴地说"看雨后的虹去"。源宁不止说他不去,并且劝志摩趁早将湿透的衣服换下,再穿上雨衣出去,英国的湿气岂是儿戏,志摩不等他说完,一溜烟地自己跑了!

以后我好奇地曾问过志摩这故事的真确,他笑着点头承认这全段故事的真实。我问:那么下文呢,你立在桥上等了多久,并且看到虹了没有?他说记不清,但是他居然看到了虹。我诧异地打断他对那虹的描写,问他:怎么他便知道,准会有虹的。他得意地笑答我说:"完全诗意的信仰!"

"完全诗意的信仰",我可要在这里哭了!也就是为这"诗意的信仰"他硬要借航空的方便达到他"想飞"的宿愿!"飞机是很稳当的,"他说,"如果要出事那是我的运命!"他真对运命这样完全诗意的信仰!

志摩我的朋友,死本来也不过是一个新的旅程,我们没有到过的,不免过分地怀疑,死不定就比这生苦,"我们不能轻易断定那一边没有阳光与人情的温慰",但是我前边说过最难堪的是这永远的静寂。我们生在这没有宗教的时代,对这死实在太没有把握了。这以后许多思念你的日子,怕要全是昏暗的苦楚,不会有一点点光明,除非我也有你那美丽的诗意的信仰!

我个人的悲绪不竟又来扰乱我对他生前许多清晰的回忆,朋友们原谅。

诗人的志摩用不着我来多说,他那许多诗文便是估价他的天平。我们新诗的历史才是这样的短,恐怕他的判断人尚在我们儿孙辈的中间。我要谈的是诗人之外的志摩。人家说志摩的为人只是不经意的浪漫,志摩的诗全是抒情诗,这断语从不认识他的人听来可以说很公平,从他朋友们看来实在是对不起他。志摩是个很古怪的人,浪漫固然,但他人格里最精华的却是他对人的同情,和蔼和优容;没有一个人，他对他不和蔼，没有一种人，他不能优容，没有一种的情感，他绝对地不能表同情。我不说了解，因为不是许多人爱说志摩最不解人情么？我说他的特点也就在这上头。

我们寻常人就爱说了解；能了解的我们便同情，不了解的我们便很落漠乃至于酷刻。表同情于我们能了解的，我们以为很适当；不表同情于我们不能了解的，我们也认为很公平。志摩则不然，了解与不了解，他并没有过分地夸张，他只知道温存、和平、体贴，只要他知道有情感的存在，无论出自何人，在何等情况之下，他理智上认为适当与否，他全能表几分同情，他真能体会原谅他人与他自己不相同处。从不会刻薄地单支出严格的迫仄的道德的天平指谪凡是与他不同的人。他这样的温和，这样的优容，真能使许多人惭愧，我可以忠实地说，至少他要比我们多数的人伟大许多；他觉得人类各种的情感动作全有它不同的，价值放大了的人类的眼光，同情是不该只限于我们划定的范围内。他是对的，朋友们，归根说，我们能够懂得几个人，了解几桩事，几种情感？哪一桩事，哪一个人没有多面的看法！为此说来志摩朋友之多，不是个可怪的事；凡是认得他的人不论深浅对他全有特殊的感情，也是极自然的结果。而反过来看他自己在他一生的过程中却是很少得着同情的。不止如是，他还曾为他的一点理想的愚诚几次几乎不见容于社会。但是他却未曾为这个而鄙吝他给他人的同情心，他的性情，不曾为受了刺激而转变刻薄暴戾过，谁能不承认他几有超人的宽量。

　　志摩的最动人的特点，是他那不可信的纯净的天真，对他的理想的愚诚，对艺术欣赏的认真，体会情感的切实，全是难能可贵到极点。他站在雨中等虹，他甘冒社会的大不韪争他的恋爱自由；他坐曲折的火车到乡间去拜哈代，他抛弃博士一类的引诱卷了书包到英国，只为要拜罗素做老师，他为了一种特异的境遇，一时特异的感动，从此在生命途中冒险，从此抛弃所有的旧业，只是尝试写几行新诗——这几年新诗尝试的运命并不太令人踊跃，冷嘲热骂只是家常便饭——他常能走几里路去采几茎花，费许多周折去看一个朋友说两句话；这些，还有许多，都不是我们寻常能够轻易了解的神秘。我说神秘，其实竟许是傻，是痴！事实上他只是比我们认真，虔诚到傻气，到痴！他愉快起来他的快乐的翅膀可以碰得到天，他忧伤起来，他的悲戚是深得没有底。寻常评价的衡量在他手里失了效用，利害轻重他自有他的看法，纯是艺术的情感的脱离寻常的原则，所以往常人常听到朋友们说到他总爱带着嗟叹的口吻说："那是志摩，你又有什么法子！"他真的是个怪人么？朋友们，不，一点都不是，他只是比我们近情，近理，比我们热诚，比我们天真，比我们对万物都更有信仰，对神，对人，对灵，对自然，对艺术！

朋友们我们失掉的不止是一个朋友，一个诗人，我们丢掉的是个极难得可爱的人格。

至于他的作品全是抒情的么？他的兴趣只限于情感么？更是不对。志摩的兴趣是极广泛的。就有几件，说起来，不认得他的人便要奇怪。他早年很爱数学，他始终极喜欢天文，他对天上星宿的名字和部位就认得很多，最喜暑夜观星，好几次他坐火车都是带着关于宇宙的科学的书。他曾经译过爱因斯坦的相对论，并且在一九二二年便写过一篇关于相对论的东西登在《民铎》杂志上。他常向思成说笑："任公先生的相对论的知识还是从我徐君志摩大作上得来的呢，因为他说他看过许多关于爱因斯坦的哲学都未曾看懂，看到志摩的那篇才懂了。"今夏我在香山养病，他常来闲谈，有一天谈到他幼年上学的经过和美国克莱克大学两年学经济学的景况，我们不禁对笑了半天，后来他在他的《猛虎集》的"序"里也说了那么一段。可是奇怪的！

他不像许多天才，幼年里上学，不是不及格，便是被斥退，他是常得优等的，听说有一次康乃尔暑校里一个极严的经济教授还写了信去克莱克大学教授那里恭维他的学生，关于一门很难的功课。我不是为志摩在这里夸张，因为事实上只有为了这桩事，今夏志摩自己便笑得不亦乐乎！

此外他的兴趣对于戏剧绘画都极深浓，戏剧不用说，与诗文是那么接近，他领略绘画的天才也颇可观，后期印象派的几个画家，他都有极精密的爱恶，对于文艺复兴时代那几位，他也很熟悉，他最爱鲍蒂切利和达文骞。自然他也常承认文人喜画常是间接地受了别人论文的影响，他的，就受了法兰（Roger Fry）和斐德（Walter Pater）的不少。对于建筑审美他常常对思成和我道歉说："太对不起，我的建筑常识全是Ruskins那一套。"他知道我们是最讨厌Ruskins的。但是为看一个古建的残址，一块石刻，他比任何人都热心，都更能静心领略。

他喜欢色彩，虽然他自己不会作画，暑假里他曾从杭州给我几封信，他自己叫它们做"描写的水彩画"，他用英文极细致地写出西（边？）桑田的颜色，每一分嫩绿，每一色鹅黄，他都仔细地观察到。又有一次他望着我园里一带断墙半响不语，过后他告诉我说，他正在默默体会，想要描写那墙上向晚的艳阳和刚刚入秋的藤萝。

对于音乐,中西的他都爱好,不止爱好,他那种热心便唤醒过北平一次——也许唯一的一次——对音乐的注意。谁也忘不了那一年,克拉斯拉到北平在"真光"拉一个多钟头的提琴。对旧剧他也得算"在行",他最后在北平那几天我们曾接连地同去听好几出戏,回家时我们讨论的热闹,比任何剧评都诚恳都起劲。

谁相信这样的一个人,这样忠实于"生"的一个人,会这样早地永远地离开我们另投一个世界,永远地静寂下去,不再透些须声息!

我不敢再往下写,志摩若是有灵听到比他年轻许多的一个小朋友拿着老声老气的语调谈到他的为人不觉得不快么?这里我又来个极难堪的回忆,那一年他在这同一个的报纸上写了那篇伤我父亲惨故的文章,这梦幻似的人生转了几个弯,曾几何时,却轮到我在这风紧夜深里握笔吊他的惨变。这是什么人生?什么风涛?什么道路?志摩,你这最后的解脱未始不是幸福,不是聪明,我该当羡慕你才是。

原载于1931年12月7日《北平晨报》

山西通信

林徽因

××××：

居然到了山西，天是透明的蓝，白云更流动得使人可以忘记很多的事，单单在一点什么感情底下，打滴溜转；更不用说到那山山水水，小堡垒，村落，反映着夕阳的一角庙，一座塔！景物是美得到处使人心慌心痛。

我是没有出过门的，没有动身之前不容易动，走出来之后却就不知道如何流落才好。旬日来眼看去的都是图画，日子都是可以歌唱的古事。黑夜里在山场里看河南来到山西的匠人，围住一个大红炉子打铁，火花和铿锵的声响，散到四团黑影里去。微月中步行寻到田垄废庙，划一根"取灯"偷偷照看那瞭望观音的脸，一片平静，几百年来没有动过感情的，在那一闪光底下，倒像挂上一缕笑意。

我们因为探访古迹走了许多路，在种种情形之下感慨到古今兴废。在草丛里读碑碣，在砖堆中间偶然碰到菩萨的一双手一个微笑，都是可以激动起一些不平常的感觉来的。乡村的各种浪漫的位置，秀丽天真；中间人物维持着老老实实的鲜艳颜色，老的扶着拐杖，小的赤着胸背，沿路上点缀的，尽是他们明亮的眼睛和笑脸。由北平城里来的我们，东看看，西走走，夕阳背在背上，真和掉在另一个世界里一样！云块、天，和我们之间似乎失掉了一切障碍。我乐时就高兴地笑，笑声一直散到对河对山，说不定哪一个林子，哪一个村落里去！我感觉到一种平坦，竟许是辽阔，和地面恰恰平行着舒展开来，感觉最边沿的边沿，和大地的边沿，永远赛着向前伸……

我不会说，说起来也只是一片疯话，人家不耐烦听。让我描写一些实际情形，我又不大会。总而言之，远地里，一片田亩有人在工作，上面青的、黄的、紫的，分行地长着；每一处山坡上，都有人在走路、放羊，迎着阳光，背着阳光，投射着转动的光影；每一个小城，前面站着城楼，旁边睡着小庙，那里又托出一座石塔，神和人，都服帖地、满足地守着他们那一角天地，近地里，则更有的是热闹，一条街里站满了人，孩子头上梳着三个小辫子的，四个小辫子的，乃至于五六个小辫子的，衣服简单到只剩一个红兜肚，上面隐约也总有她嬷嬷挑的两三朵花！

娘娘庙前面树荫底下，你又能阻止谁来看热闹？教书先生出来了,军队里兵卒拉着马过来了,几个女人娇羞地手拉着手,也扭着来站在一边了,小孩子争着挤,看我们照相,拉皮尺量平面,教书先生帮我们拓碑文。说起来这个那个庙,都是年代久远了,什么时候盖的,谁也说不清了!说话之人来得太多,我们工作实在发生困难了,可是我们大家都顶高兴的,小孩子一边抱着饭碗吃饭,一边睁着大眼看,一点子也不松懈。

我们走时总是一村子的人来送的,儿媳妇指着说给老婆婆听,小孩们跑着还要跟上一段路。开栅镇、小相村、大相村,哪一处不是一样的热闹,看到北齐天保三年造像碑,我们不小心,漏出一个惊异的叫喊,他们乡里弯着背的、老点儿的人,就也露出一个得意的微笑,知道他们村里的宝贝,居然吓着这古怪的来客了。"年代多了吧?"他们骄傲地问。"多了多了。"我们高兴地回答,"差不多一千四百年了。""呀,一千四百年!"我们便一齐骄傲起来。

我们看看这里金元重修的,那里明季重修的殿宇,讨论那式样做法的特异处,塑像神气,手续,天就渐渐黑下来,嘴里觉到渴,肚里觉到饿,才记起一天的日子圆圆整整地就快结束了。回来躺在床上,绮丽鲜明的印象仍然挂在眼睛前边,引导着种种适意的梦,同时晚饭上所吃的菜蔬果子,便给养充实着我们明天的精力,直到一大颗太阳,红红地照在我们的脸上。

原载于1934年8月25日《大公报·文艺副刊》第96期

窗子以外

林徽因

话从哪里说起？等到你要说话，什么话都是那样渺茫地找不到个源头。

此刻，就在我眼帘底下坐着是四个乡下人的背影：一个头上包着黳黑的白布，两个褪色的蓝布，又一个光头。他们支起膝盖，半蹲半坐的，在溪沿的短墙上休息。每人手里一件简单的东西：一个是白木棒，一个篮子，那两个在树荫底下我看不清楚。无疑地他们已经走了许多路，再过一刻，抽完一筒旱烟以后，是还要走许多路的。兰花烟的香味频频随着微风，袭到我官觉上来，模糊中还有几段山西梆子的声调，虽然他们坐的地方是在我廊子的铁纱窗以外。

铁纱窗以外，话可不就在这里了。永远是窗子以外，不是铁纱窗就是玻璃窗，总而言之，窗子以外！

所有的活动的颜色、声音、生的滋味，全在那里的，你并不是不能看到，只不过是永远地在你窗子以外罢了。

多少百里的平原土地，多少区域的起伏的山峦，昨天由窗子外映进你的眼帘，那是多少生命日夜在活动着的所在；每一根青的什么麦黍，都有人流过汗；每一粒黄的什么米粟，都有人吃去；其间还有的是周折，是热闹，是紧张！可是你则并不一定能看见，因为那所有的周折、热闹、紧张，全都在你窗子以外展演着。

　　在家里罢，你坐在书房里，窗子以外的景物本就有限。那里两树马缨，几棵丁香；榆叶梅横出疯杈的一大枝；海棠因为缺乏阳光，每年只开个两三朵——叶子上满是虫蚁吃的创痕，还卷着一点焦黄的边；廊子幽秀地开着扇子式，六边形的格子窗，透过外院的日光，外院的杂音。什么送煤的来了，偶然你看到一个两个被煤炭染成黔黑的脸；什么米送到了，一个人掮着一大口袋在背上，慢慢踱过屏门；还有自来水、电灯、电话公司来收账的，胸口斜挂着皮口袋，手里推着一辆自行车；更有时厨子来个朋友了，满脸的笑容，"好呀，好呀"地走进门房；什么赵妈的丈夫来拿钱了，那是每月一号一点都不差的，早来了你就听到两个人唧唧哝哝争吵的声浪。那里不是没有颜色，声音，生的一切活动，只是他们和你总隔个窗子，——扇子式的、六边形的、纱的、玻璃的！

你气闷了把笔一搁说，这叫做什么生活！你站起来，穿上不能算太贵的鞋袜，但这双鞋和袜的价钱也就比——想它做什么，反正有人每月的工资，一定只有这价钱的一半乃至于更少。你出去雇洋车了，拉车的嘴里所讨的价钱当然是要比例价高得多，难道你就傻子似地答应下来？不，不，三十二子，拉就拉，不拉，拉倒！心里也明白，如果真要充内行，你就该说，二十六子，拉就拉——但是你好意思争！

车开始辗动了，世界仍然在你窗子以外。长长的一条胡同，一个个大门紧紧地关着。就是有开的，那也只是露出一角，隐约可以看到里面有南瓜棚子，底下一个女的，坐在小凳上缝缝做做的；另一个，抓住还不能走路的小孩子，伸出头来喊那过路卖白菜的。至于白菜是多少钱一斤，那你是听不见了，车子早已拉得老远，并且你也无需乎知道的。在你每月费用之中，伙食是一定占去若干的。在那一笔伙食费里，白菜又是多么小的一个数。难道你知道了门口卖的白菜多少钱一斤，你真把你哭丧着脸的厨子叫来申斥一顿，告诉他每一斤白菜他多开了你一个"大子儿"？

车越走越远了，前面正碰着粪车，立刻你拿出手绢来，皱着眉，把鼻子蒙得紧紧的，心里不知怨谁好。怨天做的事太古怪，好好的美丽的稻麦却需要粪来浇！怨乡下人太不怕臭，不怕脏，发明那么两个篮子，放在鼻前手车上，推着慢慢走！你怨市里行政人员不认真办事，如此脏臭不卫生的旧习不能改良，十余年来对这粪车难道真无办法？为着强烈的臭气隔着你窗子还不够远，因此你想到社会卫生事业如何还办不好。

　　路渐渐好起来，前面墙高高的是个大衙门。这里你简直不止隔个窗子，这一带高高的墙是不通风的。你不懂里面有多少办事员，办的都是什么事；多少浓眉大眼的，对着乡下人做买卖的吆喝诈取；多少个又是脸黄黄的可怜虫，混半碗饭分给一家子吃。自欺欺人，里面天天演的到底是什么把戏？但是如果里面真有两三个人拼了命在那里奋斗，为许多人争一点便利和公道，你也无从知道！

　　到了热闹的大街了，你仍然像在特别包厢里看戏一样，本身不会，也不必参加那出戏；倚在栏杆上，你在审美的领略，你有的是一片闲暇。但是如果这里洋车夫问你在哪里下来，你会吃一惊，仓促不知所答，生活所最必需的你并不缺乏什么，你这出来就也是不必需的活动。

　　偶一抬头，看到街心和对街铺子前面那些人，他们都是急急忙忙地，在时间金钱的限制下采办他们生活所必需的。两个女人手忙脚乱地在监督着店里的伙计称秤。二斤四两，二斤四两的什么东西，且不必去管，反正由那两个女人的认真的神气上面看去，必是非同小可，性命交关的货物。并且如果称得少一点时，那两个女人为那点吃亏的分量必定感到重大的痛苦；如果称得多时，那伙计又知道这年头那损失在东家方面真不能算小。于是那两边的争执是热烈的，必需的，大家声音都高一点；女人脸上呈块红色，头发披下了一缕，又用手抓上去；伙计则维持着客气，口里嚷着：错不了，错不了！

　　热烈的，必需的，在车马纷纭的街心里，忽然由你车边冲出来两个人；男的，女的，各各提起两脚快跑。这又是干什么的，你心想，电车正在拐大弯。那两个原就追着电车，由轨道旁边擦过去，一边追着，一边向电车上卖票的说话。电车是不容易赶的，你在洋车上真不禁替那街心里奔走赶车的担心。但是你也知道如果这趟没赶上，他们就可以在街旁站个半点来钟，那些宁可盼穿秋水不雇洋车的人，也就是因为他们的生活而必需计较和节省到洋车同电车价钱上那相差的数目。

　　此刻洋车跑得很快，你心里继续着疑问你出来的目的，到底采办一些什么必需的货物。眼看着男男女女挤在市场里面，门首出来一个进去一个，手里都是持着包包裹裹，里边虽然不会全是他们当日所必需的，但是如果当中夹着一盒稍微奢侈的物品，则亦必是他们生活中间闪着亮光的一个愉快！你不是听见那人说么？里面草帽，一块八毛五，贵倒贵点，可是"真不赖"！他提一提帽盒向着打招呼的朋友，他摸一摸他那剃得光整的脑袋，微笑充满了他全个脸。那时那一点迸射着光闪的愉快，当然的归属于他享受，没有一点疑问，因为天知道，这一年中他多少次地克己省俭，使他赚来这一次美满的，大胆的奢侈！

那点子奢侈在那人身上所发生的喜悦，在你身上却完全失掉作用，没有闪一星星亮光的希望！你想，整年整月你所花费的，和你那窗子以外的周围生活程度一比较，严格算来，可不都是非常靡费的用途？每奢侈一次，你心上只有多难过一次，所以车子经过的那些玻璃窗口，只有使你更惶恐，更空洞，更怀疑，前后彷徨不着边际。并且看了店里那些形形色色的货物，除非你真是傻子，难道不晓得它们多半是由哪一国工厂里制造出来的！奢侈是不能给你愉快的，它只有要加增你的戒惧烦恼。每一尺好看点的纱料，每一件新鲜点的工艺品！

你诅咒着城市生活，不自然的城市生活！检点行装说，走了，走了，这沉闷没有生气的生活，实在受不了，我要换个样子过活去。健康的旅行既可以看看山水古刹的名胜，又可以知道点内地纯朴的人情风俗。走了，走了，天气还不算太坏，就是走他一个月六礼拜也是值得的。

没想到不管你走到哪里，你永远免不了坐在窗子以内的。不错，许多时髦的学者常常骄傲地带上"考察"的神气，架上科学的眼镜，偶然走到哪里一个陌生的地方瞭望，但那无形中的窗子是仍然存在的。不信，你检查他们的行李，有谁不带着罐头食品，帆布床，以及别的证明你还在你窗子以内的种种零星用品，你再摸一摸他们的皮包，那里短不了有些钞票；一到一个地方，你有的是一个提梁的小小世界。不管你的窗子朝向哪里望，所看到的多半则仍是在你窗子以外，隔层玻璃，或是铁纱！隐隐约约你看到一些颜色，听到一些声音，如果你私下满足了，那也没有什么，只是千万别高兴起说什么接触了，认识了若干事物人情，天知道那是罪过！洋鬼子们的一些浅薄，千万学不得。

你是仍然坐在窗子以内的，不是火车的窗子，汽车的窗子，就是客栈逆旅的窗子，再不然就是你自己无形中习惯的窗子，把你搁在里面。接触和认识实在谈不到，得天独厚的闲暇生活先不容你。一样是旅行，如果你背上掮的不是照相机而是一点做买卖的小血本,你就需要全副的精神来走路:你得留神投宿的地方;你得计算一路上每吃一次烧饼和几颗沙果的钱;遇着同行的战战兢兢地打招呼,互相捧出诚意,遇着困难时好互相关照帮忙,到了一个地方你是真带着整个血肉的身体到处碰运气,紧张的境遇不容你不奋斗,不与其他奋斗的血和肉的接触,直到经验使得你认识。

前日公共汽车里一列辛苦的脸,那些谈话,里面就有很多生活的分量。陕西过来做生意的老头和那旁坐的一股客气,是不得已的;由交城下车的客人执着红粉包纸烟递到汽车行管事手里也是有多少理由的,穿棉背心的老太婆默默地挟住一个蓝布包袱,一个钱包,是在用尽她的全副本领的,果然到了冀村,她错过站头,还亏别个客人替她要求车夫,将汽车退行两里路,她还不大相信地望着那村站,口里嚕苏着这地方和上次如何两样了。开车的一面发牢骚一面爬到车顶替老太婆拿行李,经验使得他有一种涵养,行旅中少不了有认不得路的老太太,这个道理全世界是一样的,伦敦警察之所以特别和蔼,也是从迷路的老太太孩子们身上得来的。

话说了这许多,你仍然在廊子底下坐着,窗外送来溪流的喧响,兰花烟气味早已消失,四个乡下人这时候当已到了上流"庆和义"磨坊前面。昨天那里磨坊的伙计很好笑地满脸挂着面粉,让你看着磨坊的构造;坊下的木轮,屋里旋转着的石碾,又在高低的院落里,来回看你所不经见的农具在日影下列着。院中一棵老槐、一丛鲜艳的杂花、一条曲曲折折引水的沟渠,伙计和气地说闲话。他用着山西口音,告诉你,那里一年可出五千多包的面粉,每包的价钱约略两块多钱。又说这十几年来,这一带因为山水忽然少了,磨坊关闭了多少家,外国人都把那些磨坊租去做他们避暑的别墅。惭愧的你说,你就是住在一个磨坊里面,他脸上堆起微笑,让面粉一星星在日光下映着,说认得认得,原来你所租的磨坊主人,一个外国牧师,待这村子极和气,乡下人和他还都有好感情。

这真是难得了,并且好感的由来还有实证。就是那一天早上你无意中出去探古寻胜,这一省山明水秀,古刹寺院,动不动就是宋辽的原物,走到山上一个小村的关帝庙里,看到一个铁铎,刻着万历年号,原来是万历赐这村里庆成王的后人的,不知怎样流落到卖古董的手里。七年前让这牧师买去,晚上打着玩,嘹亮的钟声被村人听到,急忙赶来打听,要凑原价买回,情辞恳切。说起这是他们吕姓的祖传宝物,绝不能让它流落出境,这牧师于是真个把铁铎还了他们,从此便在关帝庙神前供着。

这样一来你的窗子前面便展开了一张浪漫的图画,打动了你的好奇,管它是隔一层或两层窗子,你也忍不住要打听点底细,怎么明庆成王的后人会姓吕!这下子文章便长了。

如果你的祖宗是皇帝的嫡亲弟弟,你是不会,也不愿,忘掉的。据说庆成王是永乐的弟弟,这赵庄村里的人都是他的后代。不过就是因为他们记得太清楚了,另一朝的皇帝都有些老大不放心,雍正间诏命他们改姓,由姓朱改为姓吕,但是他们还有用二十字排行的方法,使得他们不会弄错他们是这一脉子孙。

这样一来你就有点心跳了,昨天你雇来那打水洗衣服的不也是赵庄村来的,并且还姓吕!果然那土头土脑圆脸大眼的少年是个皇裔贵族,真是有失尊敬了。那么这村子一定穷不了,但事实上则不见得。

田亩一片,年年收成也不坏。家家户户门口有特种围墙,像个小小堡垒——当时防匪用的。屋子里面有大漆衣柜衣箱,柜门上白铜擦得亮亮;炕上棉被红红绿绿也颇鲜艳。可是据说关帝庙里已有四年没有唱戏了,虽然戏台还高巍巍地对着正殿。村子这几年穷了，有一位王孙告诉你，唱戏太花钱，尤其是上边使钱。这里到底是隔个窗子，你不懂了，一样年年好收成，为什么这几年村子穷了，只模模糊糊听到什么军队驻了三年多等，更不懂是，村子向上一年辛苦后的娱乐，关帝庙里唱唱戏，得上面使钱？既然隔个窗子听不明白，你就通气点别尽管问了。

　　隔着一个窗子你还想明白多少事？昨天雇来吕姓倒水，今天又学洋鬼子东逛西逛，跑到下面养着鸡羊，上面挂有武魁匾额的人家，让他们用你不懂得的乡音招呼你吃菜，炕上坐，坐了半天出到门口，和那送客的女人周旋客气了一回，才恍然大悟，她就是替你倒脏水洗衣裳的吕姓王孙的妈，前晚上还送饼到你家来过！

　　这里你迷糊了。算了算了！你简直老老实实地坐在你窗子里得了，窗子以外的事，你看了多少也是枉然，大半你是不明白，也不会明白的。

原载于1934年9月5日《大公报·文艺副刊》第99期

纪念志摩去世四周年

林徽因

今天是你走脱这世界的四周年！朋友，我们这次拿什么来纪念你？前两次的用香花感伤地围上你的照片，抑住嗓子底下叹息和悲哽，朋友和朋友无聊地对望着，完成一种纪念的形式，俨然是愚蠢的失败。因为那时那种近于伤感，而又不够宗教庄严的举动，除却点明了你和我们中间的距离，生和死的间隔外，实在没有别的成效；几乎完全不能达到任何真实纪念的意义。

去年今日我意外地由浙南路过你的家乡，在昏沉的夜色里我独立火车门外，凝望着那幽暗的站台，默默地回忆许多不相连续的过往残片，直到生和死间居然幻成一片模糊，人生和火车似的蜿蜒一串疑问在苍茫间奔驰。我想起你的：

　　火车擒住轨，在黑夜里奔

　　过山，过水，过……

如果那时候我的眼泪曾不自主地溢出睫外，我知道你

定会原谅我的。你应当相信我不会向悲哀投降,什么时候我都相信倔强的忠于生的,即使人生如你底下所说:

就凭那精窄的两道,算是轨,

驮着这份重,梦一般的累坠!

就在那时候我记得火车慢慢地由站台拖出,一程一程地前进,我也随着酸怆的诗意,那"车的呻吟""过荒野,过池塘,……过嗫口的村庄",到了第二站——我的一半家乡。

今年又轮到今天这一个日子!世界仍旧一团糟,多少地方是黑云布满着粗筋络往理想的反面猛进,我并不在瞎说,当我写:

信仰只一细炷香,

那点子亮再经不起西风

沙沙的隔着梧桐树吹

朋友,你自己说,如果是你现在坐在我这位子上,迎着这一窗太阳;眼看着菊花影在墙上描画作态;手臂下倚着两叠今早的报纸;耳朵里不时隐隐地听着朝阳门外"打靶"的枪弹声;意识的,潜意识的,要明白这生和死的谜,你又该写成怎样一首诗来,纪念一个死别的朋友?

此时,我却是完全的一个糊涂!习惯上我说,每桩事都像是造物的意旨,归根都是运命,但我明知道每桩事都有我们自己的影子在里面烙印着!我也知道每一个日子是多少机缘巧合凑拢来拼成的图案,但我也疑问其间的摆布谁是主宰。据我看来:死是悲剧的一章,生则更是一场悲剧的主干!我们这一群剧中的角色自身性格与性格矛盾;理智与情感两不相容;理想与现实当面冲突,侧面或反面激成悲哀。日子一天一天向前转,昨日和昨日堆垒起来混成一片不可避脱的背景,做成我们周遭的墙壁或气氛,那么结实又那么缥缈,使我们每一人站在每一天的每一个时候里都是那么主要,又是那么渺小无能为!

此刻我几乎找不出一句话来说,因为,真的,我只是个完全的糊涂;感到生和死一样的不可解,不可懂。

但是我却要告诉你,虽然四年了你脱离去我们这共同活动的世界,本身停掉参加牵引事体变迁的主力,可是谁也不能否认,你仍立在我们烟涛渺茫的背景里,间接地是一种力量,尤其是在文艺创造的努力和信仰方面。间接地你任凭自然的音韵,颜色,不时的风轻月白,人的无定律的一切情感,悠断悠续地仍然在我们中间继续着生,仍然与我们共同交织着这生的纠纷,继续着生的理想。你并不离我们太远。你的身影永远挂在这里那里,同你生前一样的飘忽,爱在人家不经意时苴止,带来勇气的笑声也总是那么嘹亮,还有,还有经过你热情或焦心苦吟的那些诗,一首一首仍串着许多人的心旋转。

说到你的诗,朋友,我正要正经地同你再说一些话。你不要不耐烦。这话迟早我们总要说清的。人说盖棺定论,前者早已成了事实,这后者在这四年中,说来叫人难受,我还未曾读到一篇中肯或诚实的论评,虽然对你的赞美和攻讦由你去世后一两周间,就纷纷开始了。但是他们每人手里拿的都不像纯文艺的天平;有的喜欢你的为人,有的疑问你私人的道德;有的单单尊崇你诗中所表现的思想哲学,有的仅喜爱那些软弱的细致的句子,有的每发议论必须牵涉到你的个人生活之合乎规矩方圆,或断言你是轻薄,或引证你是浮奢豪侈!朋友,我知道你从不介意过这些,许多人的浅陋老实或刻薄处你早就领略过一堆,你不止未曾生过气,并且常常表现怜悯同原谅;你的心情永远是那么洁净;头老抬得那么高;胸中老是那么完整的诚挚;臂上老有那么许多不折不挠的勇气。但是现在的情形与以前却稍稍不同,你自己既已不在这里,做你朋友的,眼看着你被误解,曲解,乃至于谩骂,有时真忍不住替你不平。

但你可别误会我心眼儿窄,把不相干的看成重要,我也知道误解曲解谩骂,都是不相干的,但是朋友,我们谁都需要有人了解我们的时候,真了解了我们,即使是痛下针砭,骂着了我们的弱处错处,那整个的我们却因而更增添了意义,一个作家文艺的总成绩更需要一种就文论文,就艺术论艺术的和平判断。

你在《猛虎集》"序"中说"世界上再没有比写诗更惨的事",你却并未说明为什么写诗是一桩惨事,现在让我来个注脚好不好?我看一个人一生为着一个愚诚的倾向,把所感受到的复杂的情绪尝味到的生活,放到自己的理想和信仰的锅炉里烧炼成几句悠扬铿锵的语言(哪怕是几声小唱),来满足他自己本能的艺术的冲动,这本来是个极寻常的事。哪一个地方哪一个时代,都不断有这种人。轮着做这种人的多半是为着他情感来得比寻常人浓富敏锐,而为着这情感而发生的冲动更是非实际的——或不全是实际的——追求,而需要那种艺术的满足而已。说起来写诗的人的动机多么简单可怜,正是如你"序"里所说"我们都是受支配的善良的生灵"!虽然有些诗人因为他们的成绩特别高厚广阔包括了多数人,或整个时代的艺术和思想的冲动,从此便在人间披上神秘的光圈,使"诗人"两字无形中挂着崇高的色彩。这样使一般努力于用韵文表现或描画人在自然万物相交错时的情绪思想的,便被人的成见看做夸大狂的旗帜,需要同时代人的极冷酷的讥讪和不信任来扑灭它,以挽救人类的尊严和健康。

我承认写诗是惨淡经营,孤立在人中挣扎的勾当,但是因为我知道太清楚了,你在这上面单纯的信仰和诚恳的尝试,为同业者奋斗,卫护他们的情感的愚诚,称扬他们艺术的创造,自己从未曾求过虚荣,我觉得你始终是很逍遥舒畅的。如你自己所说"满头血水",你"仍不曾低头",你自己相信"一点性灵还在那里挣扎""还想在实际生活的重重压迫下透出一些声响来"。

简单地说,朋友,你这写诗的动机是坦白不由自主的,你写诗的态度是诚实,勇敢,而倔强的。这在讨论你诗的时候,谁都先得明了的。

至于你诗的技巧问题,艺术上的造诣,在这新诗仍在彷徨歧路的尝试期间,谁也不能坚决地论断,不过有一桩事我很想提醒现在讨论新诗的人,新诗之由于无条件无形制宽泛到几乎没有一定的定义时代,转入这讨论外形内容,以至于音节韵脚章句意象组织等艺术技巧问题的时期,即是根据着对这方面努力尝试过的那一些诗,你的头两个诗集子就是供给这些讨论见解最多材料的根据。外国的土话说"马总得放在马车的前面"不是？没有一些尝试的成绩放在那里，理论家是不能老在那里发一堆空头支票的，不是？

你自己一向不止在那里倔强地尝试用功，你还会用尽你所有活泼的热心鼓励别人尝试，鼓励"时代"起来尝试——这种工作是最犯风头嫌疑的，也只有你胆子大头皮硬顶得下来！我还记得你要印诗集子时我替你捏一把汗，老实说还替你在有文采的老前辈中间难为情过，我也记得我初听到人家找你办《晨报副刊》时我的焦急，但你居然板起个脸抓起两把鼓槌子为文艺吹打开路乃至于扫地，铺鲜花，不顾旧势力的非难，新势力的怀疑，你干你的事"事在人为，做了再说"那股子劲，以后别处也还很少见。

现在你走了，这些事渐渐在人的记忆中模糊下来，你的诗和文章也散漫在各小本集子里，压在有极新鲜的封皮的新书后面，谁说起你来，不是马马糊糊地承认你是过去中一个势力，就是拿能够挑剔看轻你的诗为本事（散文人家很少提到，或许"散文家"没有诗人那么光荣，不值得注意），朋友，这是没法子的事，我却一点不为此灰心，因为我有我的信仰。

我认为我们这写诗的动机既如前面所说那么简单愚诚；

因在某一时，或某一刻敏锐地接触到生活上的锋芒，或偶然地触遇到理想峰巅上云彩星霞，不由得不在我们所习惯的语言中，编缀出一两串近于音乐的句子来，慰藉自己，解放自己，去追求超实际的真美，读诗者的反应一定有一大半也和我们这写诗的一样诚实天真，仅想在我们句子中间由音乐性的愉悦，接触到一些生活的底蕴，渗合着美丽的憧憬；把我们的情绪给他们的情绪搭起一座浮桥；把我们的灵感，给他们生活添些新鲜；把我们的痛苦伤心再揉成他们自己忧郁的安慰！

我们的作品会不会再长存下去，就看它们会不会活在那一些我们从不认识的人，我们作品的读者，散在各时、各处互相不认识的孤单的人的心里的，这种事它自己有自己的定律，并不需要我们的关心的。你的诗据我所知道的，它们仍旧在这里浮沉流落，你的影子也就浓淡参差地系在那些诗句中，另一端印在许多不相识人的心里。朋友，你不要过于看轻这种间接的生存，许多热情的人他们会为着你的存在，而加增了生的意识的。伤心的仅是那些你最亲热的朋友们和同兴趣的努力者，你不在他们中间的事实，将要永远是个不能填补的空虚。

你走后大家就提议要为你设立一个"志摩奖金"来继

续你鼓励人家努力诗文的素志,勉强象征你那种对于文艺创造拥护的热心,使不及认得你的青年人永远对你保存着亲热。如果这事你不觉到太寒伧不够热气,我希望你原谅你这些朋友们的苦心,在冥冥之中笑着给我们勇气来做这一些蠢诚的事吧。

二十四年十一月十九日,北平

原载于1935年12月8日《大公报·文艺副刊》第56期

究竟怎么一回事

林徽因

写诗究竟是怎么一回事?

写诗,或可说是要抓紧一种一时闪动的力量,一面跟着潜意识浮沉,摸索自己内心所萦回,所着重的情感——喜悦,哀思,忧怨,恋情,或深,或浅,或缠绵,或热烈;又一方面顺着直觉,认识,辨味,在眼前或记忆里官感所触遇的意象——颜色,形体,声音,动静,或细致,或亲切,或雄伟,或诡异;再一方面又追着理智探讨,剖析,理会这些不同的性质,不同分量,流转不定的情感意象所互相融会,交错策动而发生的感念;然后以语言文字(运用其声音意义)经营,描画,表达这内心意象,情绪,理解在同时间或不同时间里,适应或矛盾的所共起的波澜。

写诗,或又可说是自己情感的,主观的,所体验了解到的;和理智的,客观的所体察辨别到的,同时达到一个程度,腾沸横溢,不分宾主地互相起了一种作用,由于本能的冲动,凭着一种天赋的兴趣和灵巧,驾驭一串有声音,有图画，有情感的言语，来表现这内心与外物息息相关的联系，及其所发生的悟理或境界。

写诗，或又可以说是若不知其所以然的，灵巧的，诚挚的，在传译给理想的同情者，自己内心所流动的情感穿过繁复的意象时，被理智所窥探而由直觉与意识分着记取的符录！一方面似是惨淡经营，——至少是专诚致意，一方面似是借力于平时不经意的准备，"下笔有神"的妙手偶然拈来；忠于情感，又忠于意象，更忠于那一串刹那间内心整体闪动的感悟。

写诗，或又可说是经过若干潜意识的酝酿，突如其来的，在生活中意识到那么凑巧的一顷刻小小时间；凑巧的，灵异的，不能自已的，流动着一片浓挚或深沉的情感，敛聚着重重繁复演变的情绪，更或凝定入一种单纯超卓的意境，而又本能地迫着你要刻画一种适合的表情。这表情积极的，像要流泪叹息或歌唱欢呼，舞蹈演述；消极的，又像要幽独静处，沉思自语。换句话说，这两者合一，便是一面要天真奔放，热情地自白去邀同情和了解，同时又要寂寞沉默，孤僻地自守来保持悠然自得的完美和严肃！

在这一个凑巧的一顷刻小小时间中，（着重于那凑巧的）你的所有直觉，理智，官感，情感，记性和幻想，独立的及交互的都迸出它们不平常的锐敏，紧张，雄厚，壮阔及深沉。在它们潜意识的流动，——独立的或交互的融会之间——如出偶然而又不可避免地涌上一闪感悟，和情趣——或即所谓灵感——或是亲切的对自我得失悲欢；或辽阔的对宇宙自然；或智慧的对历史人性。这一闪感悟或是混沌朦胧，或是透彻明晰。像光同时能照耀洞察，又能揣摩包含你的所有已经尝味，还在尝味，及幻想尝味的"生"的种种形色质量，且又活跃着其间错综重叠于人于我的意义。

这感悟情趣的闪动——灵感的脚步——来得轻时，好比潺潺清水婉转流畅，自然的洗涤，浸润一切事物情感，倒影映月，梦残歌罢，美感地旋起一种超实际的权衡轻重，可抒成慷慨缠绵千行的长歌，可留下如幽咽微叹般的三两句诗词。愉悦的心声，轻灵的心画，常如啼鸟落花，轻风满月，夹杂着情绪的缤纷；泪痕巧笑，奔放轻盈，若有意若无意地遗留在各种言语文字上。

但这感悟情趣的闪动，若激越澎湃来得强时，可以如一片惊涛飞沙，由大处见到纤微，由细弱的物体看它变动，宇宙人生，幻若苦谜。一切又如经过烈火燃烧锤炼，分散，减化成为净纯的茫焰气质，升处所有情感意象于空幻，神秘，变移无定，或不减不变绝对，永恒的玄哲境域里去，卓越隐奥，与人性情理遥远的好像隔成距离。身受者或激昂通达，或禅寂淡远，将不免挣扎于超情感，超意象，乃至于超言语，以心传心的创造。隐晦迷离，如禅偈玄诗，便不可制止地托生在与那幻想境界几不适宜的文字上，估定其生存权。

写诗……

总而言之，天知道究竟写诗是怎么一回事。在写诗的时候，或者是"我知道，天知道"；到写了之后，最好学Browning不避嫌疑的自讥的，只承认"天知道"，天下关于写诗的笔墨官司便都省了。

我们仅听到写诗人自己说一阵奇异的风吹过，或是一片澄清的月色，一个惊讶，一次心灵的振荡，便开始他写诗的尝试，迷于意境文字音乐的搏斗，但是究竟这灵异的风和月，心灵的振荡和惊讶是什么？是不是仍为那可以追踪到内心直觉的活动；到潜意识后面那综错交流的情感与意象；那意识上理智的感念思想；以及要求表现的本能冲动？灵异的风和月所指的当是外界的一种偶然现象，同时却也是指它们是内心活动的一种引火线。诗人说话没有不打比喻的。

我们根本早得承认诗是不能脱离象征比喻而存在的。在诗里情感必依附在意象上，求较具体的表现；意象则必须明晰地或沉着地，恰适地烘托情感，表征含义。如果这还需要解释，常识的，我们可以问：在一个意识的或直觉的，官感，情感，理智，同时并重的一个时候，要一两句简约的话来代表一堆重叠交错的外象和内心情绪思想所发生的微妙的联系，而同时又不失却原来情感的素质分量，是不是容易或可能的事？一个比喻或一种象征在字面或事物上可以极简单，而同时可以带着字面事物以外的声音颜色形状，引起它们与其他事物关系的联想。这个办法可以多方面地来辅助每句话确实的含义，而又加增官感情感理智每方面的刺激和满足，道理甚为明显。

无论什么诗都从不会脱离过比喻象征，或比喻象征式的言语。诗中意象多不是寻常纯客观的意象。诗中的云霞星宿，山川草木，常有人性的感情，同时内心人性的感触反又变成外界的体象，虽简明浅现隐奥繁复各有不同的。但是诗虽不能缺乏比喻象征，象征比喻却并不是诗。

诗的泉源，上面已说过，是意识与潜意识的融会交流错综的情感意象和概念所促成；无疑地，诗的表现必是一种形象情感思想合一的语言。但是这种语言，不能仅是语言，它又须是一种类似动作的表情,这种表情又不能只是表情,而须是一种理解概念的传达。它同时须不断传译情感,描写现象诠释感悟。它不是形体而须创造形体颜色;它是声音,却最多仅要留着长短节奏。最要紧的是按着疾徐高下,和有限的铿锵音调,依附着一串单独或相联的字义上边;它须给直觉意识,情感理智,以整体的快惬。

因为相信诗是这样繁难的一列多方面条件的满足,我们不能不怀疑到纯净意识的,理智的,或可以说是"技术的"创造——或所谓"工"之绝无能为。诗之所以发生,就不叫它做灵感的来临,主要的亦在那一闪力量突如其来,或灵异的一刹那的"凑巧",将所有繁复的"诗的因素"都齐集会萃于一俄顷偶然的时间里。所以诗的创造或完成,主要亦当在那灵异的,凑巧的,偶然的活动一部分属意识,一部分属直觉,更多一部分属潜意识的,所谓"不以文而妙"的"妙"。理智情感,明晰隐晦都不失之过偏。意象瑰丽迷离,转又朴实平淡,像是纷纷纭纭不知所从来,但飘忽中若有必然的缘素可寻,理解玄奥繁难,也像是纷纷纭纭莫名所以。但错杂里又是斑驳分明,情感穿插联系其中,若有若无,给草木气候,给热情颜色。一首好诗在一个会心的读者前边有时真会是一个奇迹!但是伤感流丽,铺张的意象，涂饰的情感，用人工连缀起来，疏忽地看去，也未尝不像是诗。故作玄奥渊博，颠倒意象，堆砌起重重理喻的诗，也可以赫然惊人一下。

　　写诗究竟是怎么一回事，真是唯有天知道得最清楚！读者与作者，读者与读者，作者与作者关于诗的意见，历史告诉我传统的是要永远的差别分歧，争争吵吵到无尽时。因为老实地说，谁也仍然不知道写诗是怎么一回事的，除却这篇文字所表示的，勉强以抽象的许多名词，具体的一些比喻来捉摸描写那一种特殊的直觉活动，献出一个极不能令人满意的答案。

原载于1936年8月30日《大公报·文艺副刊》第206期

彼 此

林徽因

朋友又见面了,点点头笑笑,彼此晓得这一年不比往年,彼此是同增了许多经验。个别地说,这时间中每一人的经历虽都有特殊的形相,含着特殊的滋味,需要个别的情绪来分析来描述。

综合地说,这许多经验却是一整片仿佛同式同色,同大小,同分量的迷惘。你触着那一角,我碰上这一头,归根还是那一片迷惘笼罩着彼此。七月!——这两字就如同史歌的开头那么有劲——八月,九月带来了那狂风,后来,后来过了年——那无法忘记的除夕!——又是那一月,二月,三月,到了七月,再接再厉地又到了年夜。现在又是一月二月在开始……谁记得最清楚,这串日子是怎样地延续下来,生活如何地变?想来彼此都不会记得过分清晰,一切都似乎在迷离中旋转,但谁又会忘掉那么切肤的重重忧患的网膜?

经过炮火或流浪的洗礼,变换又变换的日月,难道彼此脸上没有一点记载这经验的痕迹？但是当整一片国土纵横着创痕，大家都是"离散而相失……去故乡而就远"，自然"心婵媛而伤怀兮，眇不知其所蹠"，脸上所刻那几道并不使彼此惊讶，所以还只是笑笑好。口角边常添几道酸甜的纹路，可以帮助彼此咀嚼生活。何不默认这一点：在迷惘中人最应该有笑，这种的笑，虽然是敛住神经，敛住肌肉，仅是毅力的后背，它却是必需的，如同保护色对于许多生物，是必需的一样。

那一晚在××江心，某一来船的甲板上，热臭的人丛中，他记起他那时的困顿饥渴和狼狈，旋绕他头上的却是那真实倒如同幻象，幻象又成了真实的狂敌杀人的工具，敏捷而近代型的飞机：美丽得像鱼像鸟……这里黯然的一掬笑是必需的，因为同样的另外一个人懂得那原始的骤然唤起纯筋肉反射作用的恐怖。他也正在想那时他在××车站台上露宿，天上有月，左右有人，零落如同被风雨摧落后的落叶，瑟索地蜷伏着，他们心里都在回味那一天他们所初次尝到的敌机的轰炸！谈话就可以这样无限制的延长，因为现在都这样的记忆——比这样更辛辣苦楚的——在各人心里真是太多了！随便提起一个地名大家所熟悉的都会或商埠，随着全会涌起怎样的一个最后印象！

再说初入一个陌生城市的一天——这经验现在又多普遍——尤其是在夜间,这里就把个别的情形和感触除外,在大家心底曾留下的还不是一剂彼此都熟识的清凉散?苦里带涩,那滋味侵入脾胃时,小小的冷噤会轻轻在背脊上爬过,用不着丝毫锐性的感伤!也许他可以说他在那夜进入某某城内时,看到一列小店门前凄惶的灯,黄黄的发出奇异的晕光,使他嗓子里如梗着刺,感到一种发紧的触觉。你能所记得的却是某一号车站后面黯白的煤气灯射到陌生的街心里,使你心里好像失落了什么。

那陌生的城市,在地图上指出时,你所经过的同他所经过的也可以有极大的距离,你同他当时的情形也可以完全的不相同。但是在这里,个别的异同似乎非常之不相干;相干的仅是你我会彼此点头,彼此会意,于是也会彼此地笑笑。

七月在卢沟桥与敌人开火以后,纵横中国土地上的脚印密密地衔接起来,更加增了中国地域广漠的证据。每个人参加过这广漠地面上流转的大韵律的,对于尘土和血,两件在寻常不多为人所理会的,极寻常的天然素质,现在每人在他个别的角上,对它们都发生了莫大亲切的认识。每一寸土,每一滴血,这种话,已是可接触,可把持的十分真实的事物，不仅是一句话一个"概念"而已。

在前线的前线，兴奋和疲劳已掺拌着尘土和血另成一种生活的形体魂魄。睡与醒中间，饥与食中间，生和死中间，距离短得几乎不存在！生活只是一股力，死亡一片沉默的恨，事情简单得无可再简单。尚在生存着的，继续着是力，死去的也继续着堆积成更大的恨。恨又生力，力又变恨，悯悯地却勇敢地循环着，其他一切则全是悬在这两者中间悲壮热烈的穿插。

在后方，事情却没有如此简单，生活仍然缓弛地伸缩着；食宿生死间距离恰像黄昏长影，长长的，尽向前引伸，像要扑入夜色，同夜溶成一片模糊。在日夜宽泛的循回里于是穿插反更多了，真是天地无穷，人生长勤。生之穿插零乱而琐屑，完全无特殊的色泽或轮廓，更不必说英雄气息壮烈成分。斑斑点点仅像小血锈凝在生活上，在你最不经意中烙印生活。如果你有志不让生活在小处窳败，逐渐减损，由锐而钝，由张而弛，你就得更感谢那许多极平常而琐碎的摩擦，无日无夜地透过你的神经，肌肉或意识。这种时候，叹息是悬起了，因一切虽然细小，却绝非从前所熟识的感伤。每件经验都有它粗壮的真实，没有叹息的余地。口边那酸甜的纹路是实际哀乐所刻划而成，是一种坚忍韧性的笑。因为生活既不是简单的火焰时,它本身是很沉重,需要韧性地支持,需要产生这韧性支持的力量。

现在后方的问题,是这种力量的源泉在哪里?绝不凭着平日均衡的理智——那是不够的,天知道!尤其是在这时候,情感就在皮肤底下"踊跃其若汤",似乎它所需要的是超理智的冲动!现在后方被缓的生活,紧的情感,两面摩擦得愁郁无快,居戚戚而不可解,每个人都可以苦恼而又热情地唱"终长夜之曼曼兮,掩此哀而不去",或"宁溘死而流亡兮,不忍为此之常愁!"支持这日子的主力在哪里呢?你我生死,就不检讨它的意义以自大,也还需要一点结实的凭借才好。

我认得有个人,很寻常地过着国难日子的寻常人,写信给他朋友说,他的嗓子虽然总是那么干哑,他却要哑着嗓子私下告诉他的朋友:他感到无论如何在这时候,他为这可爱的老国家带着血活着,或流着血或不流着血死去,他都觉到荣耀,异乎寻常的,他现在对于生与死都必然感到满足。这话或许可以在许多心弦上叩起回响,我常思索这简单朴实的情感是从哪里来的。信念?像一道泉流透过意识,我开始明了理智同热血的冲动以外,还有个纯真的力量的出处。信心产生力量,又可储蓄力量。

信仰坐在我们中间多少时候了，你我可曾觉察到？信仰所给予我们的力量不也正是那坚忍韧性的倔强？我们都相信，我们只要都为它忠贞地活着或死去，我们的大国家自会永远地向前迈进，由一个时代到又一个时代。我们在这生是如此艰难，死是这样容易的时候，彼此仍会微笑点头的缘故也就在这里吧？现在生活既这样的彼此患难同味，这信心自是，我们此时最主要的联系，不信你问他为什么仍这样硬朗地活着，他的回答自然也是你的回答，如果他也问你。

　　信仰坐在我们中间多少时候了？那理智热情都不能代替的信心！

　　思索时许多事，在思流的过程中，总是那么晦涩，明了时自己都好笑所想到的是那么简单明显的事实！此时我拭下额汗，差不多可以意识到自己口边的纹路，我尊重着那酸甜的笑，因为我明白起来，它是力量。

　　话不用再说了，现在一切都是这么彼此，这么共同，个别的情绪这么不相干。当前的艰苦不是个别的，而是普遍的，充满整一个民族，整一个时代！我们今天所叫做生活的，过后它便是历史。客观的无疑我们彼此所熟识的艰苦正在展开一个大时代。所以别忽略了我们现在彼此地点点头。且最好让我们共同酸甜的笑纹,有力地,坚韧地,横过历史。

原载于1939年2月5日《今日评论》1卷6期

一片阳光

林徽因

放了假,春初的日子松弛下来。将午未午时候的阳光,澄黄的一片,由窗棂横浸到室内,晶莹地四处射。我有点发怔,习惯地在沉寂中惊讶我的周围。我望着太阳那湛明的体质,像要辨别它那交织绚烂的色泽,追逐它那不着痕迹的流动。看它洁净地映到书桌上时,我感到桌面上平铺着一种恬静,一种精神上的豪兴,情趣上的闲逸;即或所谓"窗明几净",那里默守着神秘的期待,漾开诗的气氛。那种静,在静里似可听到那一处琤琮的泉流,和着仿佛是断续的琴声,低诉着一个幽独者自娱的音调。看到这同一片阳光射到地上时,我感到地面上花影浮动,暗香吹拂左右,人随着晌午的光霭花气在变幻,那种动,柔谐婉转有如无声音乐,令人悠然轻快,不自觉地脱落伤愁。至多,在舒扬理智的客观里使我偶一回头,看看过去幼年记忆步履所留的残迹,有点儿惋惜时间;微微怪时间不能保存情绪,保存那一切情绪所曾流连的境界。

倚在软椅上不但奢侈,也许更是一种过失,有闲的过失。但东坡的辩护:"懒者常似静,静岂懒者徒",不是没有道理。如果此刻不倚榻上而"静",则方才情绪所兜的小小圈子便无条件地失落了去!人家就不可惜它,自己却实在不能不感到这种亲密的损失的可哀。

就说它是情绪上的小小旅行吧,不走并无不可,不过走走未始不是更好。归根说,我们活在这世上到底最珍惜一些什么?果真珍惜万物之灵的人的活动所产生的种种,所谓人类文化?这人类文化到底又靠一些什么?我们怀疑或许就是人身上那一撮精神同机体的感觉,生理心理所共起的情感,所激发出的一串行为,所聚敛的一点智慧——那么一点点人之所以为人的表现。宇宙万物客观的本无所可珍惜,反映在人性上的山川草木禽兽才开始有了秀丽,有了气质,有了灵犀。反映在人性上的人自己更不用说。没有人的感觉,人的情感,即便有自然,也就没有自然的美,质或神方面更无所谓人的智慧,人的创造,人的一切生活艺术的表现!这样说来,谁该鄙弃自己感觉上的小小旅行?为壮壮自己胆子,我们更该相信唯其人类有这类情绪的驰骋,实际的世间才赓续着产生我们精神所寄托的文物精粹。

此刻我竟可以微微一咳嗽，乃至于用播音的圆润口调说：我们既然无疑的珍惜文化，即尊重盘古到今种种的艺术——无论是抽象的思想的艺术，或是具体的驾驭天然材料另创的非天然形象——则对于艺术所由来的渊源，那点点人的感觉，人的情感智慧（通称人的情绪的），又当如何地珍惜才算合理？

但是情绪的驰骋，显然不是诗或画或任何其他艺术建造的完成。这驰骋此刻虽占了自己生活的若干时间，却并不在空间里占任何一个小小位置！这个情形自己需完全明了。此刻它仅是一种无踪迹的流动，并无栖身的形体。它或含有各种或可捉摸的素质，但是好奇地探讨这个素质而具体要表现它的差事，无论其有无意义，除却本人外，别人是无能为力的。我此刻为着一片清婉可喜的阳光，分明自己在对内心交流变化的各种联想发生一种兴趣的注意，换句话说，这好奇与兴趣的注意已是我此刻生活的活动。一种力量又迫着我来把握住这个活动，而设法表现它，这不易抑制的冲动，或即所谓艺术冲动也未可知！只记得冷静的杜工部散散步，看看花，也不免会有"江上被花恼不彻，无处告诉只颠狂"的情绪上一片紊乱！玲珑煦暖的阳光照人面前，那美的感人力量就不减于花，不容我生硬地自己把情绪分划为有闲与实际的两种,而权其轻重,然后再决定取舍的。我也只有情绪上的一片紊乱。

情绪的旅行本偶然的事,今天一开头并为着这片春初晌午的阳光,现在也还是为着它。房间内有两种豪侈的光常叫我的心绪紧张如同花开,趁着感觉的微风,深浅零乱于冷智的枝叶中间。一种是烛光,高高的台座,长垂的烛泪,熊熊红焰当帘幕四下时各处光影掩映。那种闪烁明艳,雅有古意,明明是画中景象,却含有更多诗的成分。另一种便是这初春晌午的阳光,到时候有意无意的大片子洒落满室,那些窗棂栏板几案笔砚浴在光霭中,一时全成了静物图案;再有红蕊细枝点缀几处,室内更是轻香浮溢,叫人俯仰全触到一种灵性。

这种说法怕有点会发生误会,我并不说这片阳光射入室内,需要笔砚花香那些儒雅的托衬才能动人,我的意思倒是:室内顶寻常的一些供设,只要一片阳光这样又幽娴又洒脱地落在上面,一切都会带上另一种动人的气息。

这里要说到我最初认识的一片阳光。那年我六岁,记得是刚刚出了水珠以后——水珠即寻常水痘,不过我家乡的话叫它做水珠。当时我很喜欢那美丽的名字,忘却它是一种病,因而也觉到一种神秘的骄傲。只要人过我窗口问问出"水珠"么？我就感到一种荣耀。那个感觉至今还印在脑子里。也为这个缘故，我还记得病中奢侈的愉悦心境。虽然同其他多次的害病一样，那次我仍然是孤独地被囚禁在一间房屋里休养的。那是我们老宅子里最后的一进房子；白粉墙围着小小院子，北面一排三间，当中夹着一个开敞的厅堂。我病在东头娘的卧室里。西头是婶婶的住房。娘同婶永远要在祖母的前院里行使她们女人们的职务的，于是我常是这三间房屋唯一留守的主人。

在那三间屋子里病着，那经验是难堪的。时间过得特别慢，尤其是在日中毫无睡意的时候。起初，我仅集注我的听觉在各种似脚步，又不似脚步的上面。猜想着，等候着，希望着人来。间或听听隔墙各种琐碎的声音，由墙基底下传达出来又消敛了去。过一会，我就不耐烦了——不记得是怎样的，我就跋着鞋，捱着木床走到房门边。房门向着厅堂斜斜地开着一扇，我便扶着门框好奇地向外探望。

那时大概刚是午后两点钟光景，一张刚开过饭的八仙桌，异常寂寞地立在当中。桌下一片由厅口处射进来的阳光，泄泄融融地倒在那里。一个绝对悄寂的周围伴着这一片无声的金色的晶莹，不知为什么，忽使我六岁孩子的心里起了一次极不平常的振荡。

那里并没有几案花香，美术的布置，只是一张极寻常的八仙桌。如果我的记忆没有错，那上面在不多时间以前，是刚陈列过咸鱼、酱菜一类极寻常俭朴的午餐的。小孩子的心却呆了。或许两只眼睛倒张大一点，四处地望，似乎在寻觅一个问题的答案。为什么那片阳光美得那样动人？我记得我爬到房内窗前的桌子上坐着，有意无意地望望窗外，院里粉墙疏影同室内那片金色和煦绝然不同趣味。顺便我翻开手边娘梳妆用的旧式镜箱，又上下摇动那小排状抽屉，同那刻成花篮形小铜坠子，不时听雀跃过枝清脆的鸟语。心里却仍为那片阳光隐着一片模糊的疑问。

时间经过二十多年，直到今天，又是这样一泄阳光，一片不可捉摸，不可思议流动的而又恬静的瑰宝，我才明白我那问题是永远没有答案的。事实上仅是如此：一张孤独的桌，一角寂寞的厅堂，一只灵巧的镜箱，或窗外断续的鸟语，和水珠——那美丽小孩子的病名——便凑巧永远同初春静沉的阳光整整复斜斜地成了我回忆中极自然的联想。

原载于1946年11月24日《大公报·文艺副刊》

蛛丝和梅花

林徽因

真真的就是那么两根蛛丝,由门框边轻轻地牵到一枝梅花上。就是那么两根细丝,迎着太阳光发亮……再多了,那还像样么?一个摩登家庭如何能容蛛网在光天白日里作怪,管它有多美丽,多玄妙,多细致,够你对着它联想到一切自然,造物的神工和不可思议处;这两根丝本来就该使人脸红,且在冬天够多特别!可是亮亮的,细细的,倒有点像银,也有点像玻璃制的细丝,委实不算讨厌,尤其是它们那么潇脱风雅,偏偏那样有意无意地斜着搭在梅花的枝梢上。

你向着那丝看,冬天的太阳照满了屋内,窗明几净,每朵含苞的,开透的,半开的梅花在那里挺秀吐香,情绪不禁迷茫缥缈地充溢心胸,在那刹那的时间中振荡。同蛛丝一样的细弱,和不必需,思想开始抛引出去:由过去牵到将来,意识的,非意识的,由门框梅花牵出宇宙,浮云沧波踪迹不定。是人性,艺术,还是哲学,你也无暇计较,你不能制止你情绪的充溢，思想的驰骋，蛛丝梅花竟然是瞬息可以千里！

好比你是蜘蛛，你的周围也有你自织的蛛网，细致地牵引着天地，不怕多少次风雨来吹断它，你不会停止了这生命上基本的活动。此刻"……一枝斜好，幽香不知甚处……"

拿梅花来说吧，一串串丹红的结蕊缀在秀劲的傲骨上，最可爱，最可赏，等半绽将开地错落在老枝上时，你便会心跳！梅花最怕开；开了便没话说。索性残了，沁香拂散同夜里炉火都能成了一种温存的凄清。

记起了，也就是说到梅花，玉兰。初是有个朋友说起初恋时玉兰刚开完，天气每天的暖，住在湖旁，每夜跑到湖边林子里走路，又静坐幽僻石上看隔岸灯火，感到好像仅有如此虔诚地孤对一片泓碧寒星远市，才能把心里情绪抓紧了，放在最可靠最纯净的一撮思想里，始不至亵渎了或是惊着那"瘖寐思服"的人儿。那是极年轻的男子初恋的情景——对象渺茫高远，反而近求"自我的"郁结深浅——他问起少女的情绪。

就在这里，忽记起梅花。一枝两枝，老枝细枝，横着，虬着，描着影子，喷着细香；太阳淡淡金色地铺在地板上；

四壁琳琅，书架上的书和书签都像在发出言语；墙上小对联记不得是谁的集句；中条是东坡的诗。你敛住气，简直不敢喘息，踮起脚，细小的身形嵌在书房中间，看残照当窗，花影摇曳，你像失落了什么，有点迷惘。又像"怪东风着意相寻"，有点儿没主意！浪漫，极端的浪漫。"飞花满地谁为扫？"你问，情绪风似地吹动，卷过，停留在惜花上面。再回头看看，花依旧嫣然不语。"如此娉婷，谁人解看花意"，你更沉默，几乎热情地感到花的寂寞，开始怜花，把同情统统诗意地交给了花心！

这不是初恋，是未恋，正自觉"解看花意"的时代。情绪的不同，不止是男子和女子有分别，东方和西方也甚有差异。情绪即使根本相同，情绪的象征，情绪所寄托，所栖止的事物却常常不同。水和星子同西方情绪的联系，早就成了习惯。一颗星子在蓝天里闪，一流冷涧倾泻一片幽愁的平静，便激起他们诗情的波涌，心里甜蜜的，热情的便唱着由那些鹅羽的笔锋散下来的"她的眼如同星子在暮天里闪"，或是"明丽如同单独的那颗星，照着晚来的天"，或"多少次了，在一流碧水旁边，忧愁倚下她低垂的脸"。

惜花，解花太东方，亲昵自然，含着人性的细致是东方传统的情绪。

此外年龄还有尺寸，一样是愁，却跃跃似喜，十六岁时的，微风零乱，不颓废，不空虚，踏着理想的脚充满希望，东方和西方却一样。人老了脉脉烟雨，愁吟或牢骚多折损诗的活泼。大家如香山，稼轩，东坡，放翁的白发华发，很少不梗在诗里，至少是令人不快。话说远了，刚说是惜花，东方老少都免不了这嗜好，这倒不论老的雪鬓曳杖，深闺里也就攒眉千度。

最叫人惜的花是海棠一类的"春红"，那样娇嫩明艳，开过了残红满地，太招惹同情和伤感。但在西方即使也有我们同样的花，也还缺乏我们的廊庑庭院。有了"庭院深深深几许"才有一种庭院里特有的情绪。如果李易安的"斜风细雨"底下不是"重门须闭"也就不"萧条"得那样深沉可爱；李后主的"终日谁来"也一样的别有寂寞滋味。看花更须庭院，深深锁在里面认识，不时还得有轩窗栏杆，给你一点凭借，虽然也用不着十二栏杆倚遍，那么慵弱无聊。

当然旧诗里伤愁太多；一首诗竟像一张美的证券，可以照着市价去兑现！所以庭花，乱红，黄昏，寂寞太滥，诗常失却诚实。西洋诗，恋爱总站在前头，或是"忘掉"，或是"记起"，月是为爱，花也是为爱，只使全是真情，也未尝不太腻味。就以两边好的来讲；拿他们的月光同我们的月色比，似乎是月色滋味深长得多。花更不用说了；我们的花"不是预备采下缀成花球，或花冠献给恋人的"，却是一树一树绰约的，个性的，自己立在情人的地位上接受恋歌的。

所以未恋时的对象最自然的是花，不是因为花而起的感慨——十六岁时无所谓感慨——仅是刚说过的自觉解花的情绪，寄托在那清丽无语的上边，你心折它绝韵孤高，你为花动了感情，实说你同花恋爱，也未尝不可——那惊讶狂喜也不减于初恋。还有那凝望，那沉思……

一根蛛丝！记忆也同一根蛛丝，搭在梅花上就由梅花枝上牵引出去，虽未织成密网，这诗意的前后，也就是相隔十几年的情绪的联络。

午后的阳光仍然斜照，庭院阒然，离离疏影，房里窗棂和梅花依然伴和成为图案，两根蛛丝在冬天还可算为奇迹，你望着它看，真有点像银，也有点像玻璃，偏偏那么斜挂在梅花的枝梢上。

二十五年新年漫记

原载于1936年2月2日《大公报·文艺副刊》第86期

九十九度中

林徽因

三个人肩上各挑着黄色,有"美丰楼"字号大圆篓的,用着六个满是泥泞凝结的布鞋,走完一条被太阳晒得滚烫的马路之后,转弯进了一个胡同里去。

"劳驾,借光——三十四号甲在哪一头?"在酸梅汤的摊子前面,让过一辆正在飞奔的家车——钢丝轮子亮得晃眼的——又向蹲在墙角影子底下的老头儿,问清了张宅方向后,这三个流汗的挑夫便又努力地往前走。那六只泥泞布履的脚,无条件地,继续着他们机械式的展动。

在那轻快的一瞥中,坐在洋车上的卢二爷看到黄篓上饭庄的字号,完全明白里面装的是丰盛的筵席,自然地,他估计到他自己午饭的问题。家里饭乏味,菜蔬缺乏个性,太太的脸难看,你简直就不能对她提到那厨子问题。这几天天太热,太热,并且今天已经二十二,什么事她都能够牵扯到薪水问题上,孩子们再一吵,谁能够在家里吃中饭!

"美丰楼饭庄"黄篓上黑字写得很笨大,方才第三个挑夫挑得特别吃劲,摇摇摆摆地使那黄篓左右地晃……

美丰楼的菜不能算坏,义永居的汤面实在也不错……于是义永居的汤面?还是市场万花斋的点心?东城或西城?找谁同去聊天?逸九新从南边来的住在哪里?或许老孟知道,何不到和记理发馆借个电话?卢二爷估计着,犹豫着,随着洋车的起落。他又好像已经决定了在和记借电话,听到伙计们的招呼:"……二爷您好早?……用电话,这边您哪!……"

伸出手臂,他睨一眼金表上所指示的时间,细小的两针分停在两个钟点上,但是分明的都在挣扎着到达十二点上边。在这时间中,车夫感觉到主人在车上翻动不安,便更抓稳了车把,弯下一点背,勇猛地狂跑。二爷心里仍然疑问着面或点心,东城或西城;车已赶过前面的几辆。一个女人骑着自行车,由他左侧冲过去,快镜似的一瞥鲜艳的颜色,脚与腿,腰与背,侧脸、眼和头发,全映进老卢的眼里,那又是谁说过的……老卢就是爱看女人!女人谁又不爱?难道你在街上真闭上眼不瞧那过路的漂亮的!

"到市场,快点。"老卢吩咐他车夫奔驰的终点,于是主人和车夫戴着两顶价格极不相同的草帽,便同在一个太阳底下,向东安市场奔去。

很多好看的碟子和鲜果点心,全都在大厨房院里,从黄色层篓中检点出来。立着监视的有饭庄的"二掌柜"和张宅的"大师傅";两人都因为胖的缘故,手里都有把大蒲扇。大师傅举着扇,扑一下进来凑热闹的大黄狗。

"这东西最讨嫌不过!"这句话大师傅一半拿来骂狗,一半也是来权作和掌柜的寒暄。

"可不是?他×的,这东西最可恶。"二掌柜好脾气地用粗话也骂起狗。

狗无聊地转过头到垃圾堆边闻嗅隔夜的肉骨。

奶妈抱着孙少爷进来,七少奶每月用六元现洋雇她,抱孙少爷到厨房,门房,大门口,街上一些地方喂奶连游玩的。今天的厨房又是这样的不同;饭庄的"头把刀"带着几个伙计在灶边手忙脚乱地炒菜切肉丝,奶妈觉得孙少爷是更不能不来看:果然看到了生人,看到狗,看到厨房桌上全是好看的干果,鲜果,糕饼,点心,孙少爷格外高兴,在奶妈怀里跳,手指着要吃。奶妈随手赶开了几只苍蝇,拣一块山楂糕放到孩子口里,一面和伙计们打招呼。

忽然看到陈升走到院子里找赵奶奶,奶妈对他挤了挤眼,含笑地问:"什么事值得这么忙?"同时她打开衣襟露出前胸喂孩子奶吃。

"外边挑担子的要酒钱。"陈升没有平时的温和，或许是太忙了的缘故。老太太这次做寿，比上个月四少奶小孙少爷的满月酒的确忙多了。

此刻那三个粗蠢的挑夫蹲在外院槐树荫下，用黯黑的毛巾擦他们的脑袋，等候着他们这满身淋汗的代价。一个探首到里院偷偷看院内华丽的景象。

里院和厨房所呈的纷乱固然完全不同，但是它们纷乱的主要原因则是同样的，为着六十九年前的今天。六十九年前的今天，江南一个富家里又添了一个绸缎金银裹托着的小生命。经过六十九个像今年这样流汗天气的夏天，又产生过另十一个同样需要绸缎金银的生命以后，那个生命乃被称为长寿而又有福气的妇人。这个妇人，今早由两个老妈扶着，坐在床前，拢一下斑白稀疏的鬓发，对着半碗火腿稀饭摇头：

"赵妈，我哪里吃得下这许多？你把锅里的拿去给七少奶的云乖乖吃罢……"

七十年的穿插，已经卷在历史的章页里，在今天的院里能呈露出多少，谁也不敢说，事实是今天，将有很多打扮得极体面的男女来庆祝，庆祝能够维持这样长久寿命的女人，并且为这一庆祝，饭庄里已将许多生物的寿命裁削了，拿它们的肌肉来补充这庆祝者的肠胃。

前两天这院子就为了这事改变了模样，簇新的喜棚支出瓦檐丈余尺高。两旁红喜字玻璃方窗，由胡同的东头，和顺车厂的院里是可以看得很清楚的。前晚上六点左右，小三和环子，两个洋车夫的儿子，倒土筐的时候看到了，就告诉他们嬷："张家喜棚都搭好了，是哪一个孙少爷娶新娘子？"他们嬷为这事，还拿了鞋样到陈大嫂家说个话儿。正看到她在包饺子，笑嘻嘻的得意得很，说老太太做整寿，——多好福气——她当家的跟了张老太爷多少年。昨天张家三少奶还叫她进去，说到日子要她去帮个忙儿。

喜棚底下圆桌面就有七八张，方凳更是成叠地堆在一边；几个夫役持着鸡毛帚，忙了半早上才排好五桌。小孩子又多，什么孙少爷，侄孙少爷，姑太太们带来的那几位都够淘气的。李贵这边排好几张，那边小爷们又扯走了排火车玩。天热得厉害，苍蝇是免不了多，点心干果都不敢先往桌子上摆。冰化得也快，篓子底下冰水化了满地！汽水瓶子挤满了厢房的廊上，五少奶看见了只嚷不行，全要冰起来。

全要冰起来！真是的，今天的食品全摆起来够像个菜市，四个冰箱也腾不出一点空隙。这新买来的冰又放在哪里好？李贵手里捧着两个绿瓦盆，私下里咕噜着为这筵席所发生的难题。

赵妈走到外院传话，听到陈升很不高兴地在问三个挑夫要多少酒钱。

"瞅着给罢。"一个说。

"怪热天多赏点吧。"又一个抿了抿干燥的口唇，想到方才胡同口的酸梅汤摊子，嘴里觉着渴。

就是这嘴里渴得难受，杨三把卢二爷拉到东安市场西门口，心想方才在那个"喜什么堂"门首，明明看到王康坐在洋车脚镫上睡午觉。王康上月底欠了杨三十四吊钱，到现在仍不肯还；只顾着躲他。今天债主遇到赊债的赌鬼，心头起了各种的计算——杨三到饿的时候，脾气常常要比平时坏一点。天本来就太热，太阳简直是冒火，谁又受得了！方才二爷坐在车上，尽管用劲踩铃，金鱼胡同走道的学生们又多，你撞我闯的，挤得真可以的。杨三擦了汗一手抓住车把，拉了空车转回头去找王康要账。

"要不着八吊要六吊，再要不着，要他×的几个混蛋嘴巴！"杨三脖梗儿上太阳烫得像火烧。"四吊多钱我买点羊肉，吃一顿好的。葱花烙饼也不坏——谁又说大热天不能喝酒？喝点又怕什么——睡得更香。卢二爷到市场吃饭,进去少不了好几个钟头……"

喜燕堂门口挂着彩,几个乐队里人穿着红色制服,坐在门口喝茶——他们把大铜鼓撂在一旁,铜喇叭夹在两膝中间。杨三知道这又是哪一家办喜事。反正一礼拜短不了有两天好日子,就在这喜燕堂,哪一个礼拜没有一辆花马车,里面搀出花溜溜的新娘?今天的花车还停在一旁……

"王康,可不是他!"杨三看到王康在小挑子的担里买香瓜吃。

"有钱的娶媳妇,和咱们没有钱的娶媳妇,还不是一样?花多少钱娶了她,她也短不了要这个那个的——这年头!好媳妇,好!你瞧怎么着?更惹不起!管你要钱,气你喝酒!再有了孩子,又得顾他们吃,顾他们穿。……"

王康说话就是要"逗个乐儿",人家不敢说的话他敢说,一群车夫听到他的话,各各高兴地凑点尾声。李荣手里捧着大饼,用着他最现成的粗话引着那几个年轻的笑。李荣从前是拉过家车的——可惜东家回南,把事情就搁下来了——他认得字,会看报,他会用新名词来发议论:"文明结婚可不同了,这年头是最讲'自由''平等'的了。"底下再引用了小报上捡来离婚的新闻打哈哈。

杨三没有娶过媳妇,他想娶,可是"老家儿"早过去了,没有给他定下亲,外面瞎姘的他没敢要。前两天,棚铺的掌柜娘要同他做媒;提起了一个姑娘说是什么都不错,这几天不知道怎么又没有讯儿了。今天洋车夫们说笑的话,杨三听了感着不痛快。看看王康的脸在太阳里笑得皱成一团,更使他气起来。

王康仍然笑着说话,没有看到杨三,手里咬剩的半个香瓜里面,黄黄的一把瓜子像不整齐的牙齿向着上面。

"老康!这些日子都到哪里去了?我这儿还等着钱吃饭呢!"杨三乘着一股劲发作。

听到声,王康怔了向后看,"呵,这打哪儿说得呢?"他开始赖账了,"你要吃饭,你打你×的自己腰包里掏!要不然,你出个份子,进去那里边,"他手指着喜燕堂,"吃个现成的席去。"王康的嘴说得滑了,禁不住这样嘲笑着杨三。

周围的人也都跟着笑起来。

本来准备着对付赖账的巴掌,立刻打在王康的老脸上了。必须的扭打,由蓝布幕的小摊边开始,一直扩张到停洋车的地方。来往汽车的喇叭,像被打的狗,呜呜叫号。好几辆正在街心奔驰的洋车都停住了,流汗车夫连喊着"靠里！""瞧车！"脾气暴的人顺口就是："他×的，这大热天，单挑这么个地方！！"

巡警离开了岗位；小孩子们围上来；喝茶的军乐队人员全站起来看；女人们吓得只喊，"了不得，前面出事了罢！"

杨三提高嗓子只嚷着问王康："十四吊钱，是你——是你拿走了不是？——"

呼喊的声浪由扭打的两人出发，膨胀，膨胀到周围各种人的口里："你听我说……"

"把他们拉开……"

"这样挡着路……瞧腿要紧。"

嘈杂声中还有人叉着手远远地喊，"打得好呀，好拳头！"

喜燕堂正厅里挂着金喜字红幛，几对喜联，新娘正在服从号令，连连地深深地鞠躬。外边的喧吵使周围客人的头同时向外面转，似乎打听外面喧吵的原故。新娘本来就是一阵阵的心跳，此刻更加失掉了均衡；一下子撞上，一下子沉下，手里抱着的鲜花随着只是打颤。雷响深入她耳朵里，心房里……

"新郎新娘——三鞠躬——""……三鞠躬。"阿淑在迷惘里弯腰伸直，伸直弯腰。昨晚上她哭，她妈也哭，将一串经验上得来的教训，拿出来赠给她——什么对老人要忍耐点，对小的要和气，什么事都要让着点——好像生活就是靠容忍和让步支持着！

她焦心的不是在公婆妯娌间的委曲求全。这几年对婚姻问题谁都讨论得热闹，她就不懂那些讨论的道理遇到实际时怎么就不发生关系。她这结婚的实际，并没有因为她多留心报纸上，新文学上，所讨论的婚姻问题，家庭问题，恋爱问题，而减少了问题。

"二十五岁了……"有人问到阿淑的岁数时，她妈总是发愁似的轻轻地回答那问她的人，底下说不清是叹息是啰嗦。

在这旧式家庭里，阿淑算是已经超出应该结婚的年龄很多了，她知道。父母那急着要她出嫁的神情使她太难堪！他们天天在替她选择合适的人家——其实哪里是选择！反对她尽管反对，那只是消极的无奈何的抵抗，她自己明知道是绝对没有机会选择，乃至于接触比较合适，理想的人物！她挣扎了三年，三年的时间不算短，在她父亲看去那更是不可信的长久……

"余家又托人来提了，你和阿淑商量商量吧，我这身体眼见得更糟,这潮湿天……"父亲的话常常说得很响,故意要她听得见。有时在饭桌上脾气或许更坏一点。"这六十块钱,养活这一大家子!养儿养女都不够,还要捐什么钱?干脆饿死!"有时更直接更难堪:"这又是谁的新褂子?阿淑,你别学时髦穿了到处走,那是找不着婆婆家的——外面瞎认识什么朋友我可不答应,我们不是那种人家!"……懦弱的母亲低着头装作缝衣:"妈劝你将就点……爹身体近来不好,……女儿不能在娘家一辈子的……这家子不算坏;差事不错,前妻没有孩子不能算填房。……"

理论和实际似乎永不发生关系;理论说婚姻得怎样又怎样,今天阿淑都记不得那许多了。实际呢,只要她点一次头,让一个陌生的,异姓的,异性的人坐在她家里,乃至于她旁边,吃一顿饭的手续,父亲和母亲这两三年——竟许已是五六年来的——难题便突然地,在他们是觉得极文明地解决了。

对于阿淑这订婚的疑惧,常使她父亲像小孩子似的自己安慰自己:阿淑这门亲事真是运气呀。说时总希望阿淑听见这话。不知怎样,阿淑听到这话总很可怜父亲,想装出高兴样子来安慰他。母亲更可怜;自从阿淑定婚以来总似乎对她抱歉,常常哑着嗓子说:"看我做母亲的这份心上面。"

看做母亲的那份心上面!那天她初次见到那陌生的,异姓的,异性的人,那个庸俗的典型触碎她那一点脆弱的爱美的希望,她怔住了,能去寻死,为婚姻失望而自杀么?可以大胆告诉父亲,这婚约是不可能的么?能逃脱这家庭的苛刑(在爱的招牌下的)去冒险,去漂落么?

她没有勇气说什么,她哭了一会,妈也流了眼泪,后来妈说:阿淑你这几天瘦了,别哭了,做娘的也只是一份心。……现在一鞠躬,一鞠躬地和幸福作别,事情已经太晚得没有办法了。

吵闹的声浪愈加明显了一阵,伴娘为新娘戴上戒指,又由赞礼的喊了一些命令。

迷离中阿淑开始幻想那外面吵闹的原因:洋车夫打电车吧,汽车轧伤了人吧,学生又请愿,当局派军警弹压吧……但是阿淑想:怎么我还如是焦急,现在我该像死人一样了,生活的波澜该沾不上我了,像已经临刑的人。但临刑也好,被迫结婚也好,在电影里到了这种无可奈何的时候总有一个意料不到快慰人心的解脱,不合法,特赦,恋人骑着马星夜奔波地赶到……但谁是她的恋人?除却九哥!学政治法律,讲究新思想的九哥,得着他表妹阿淑结婚的消息不知怎样？他恨由父母把持的婚姻……但谁知道他关心么？他们多少年不来往了，虽然在山东住的时候，他们曾经邻居，两小无猜地整天在一起玩。幻想是不中用的，九哥先就不在北平，两年前他回来过一次，她记得自己遇到九哥扶着一位漂亮的女同学在书店前边，她躲过了九哥的视线，惭愧自己一身不入时的装束，她不愿和九哥的女友做个太难堪的比较。

感到手酸，心酸，浑身打颤，阿淑由一堆人拥簇着退到里面房间休息。女客们在新娘前后彼此寒暄招呼，彼此注意大家的装扮。有几个很不客气在批评新娘子，显然认为不满意。"新娘太单薄点。"一个摺着十几层下颏的胖女人，摇着扇和旁边的六姨说话。阿淑觉到她自己真可以立刻碰得粉碎；这位胖太太像一座石臼，六姨则像一根铁杵横在前面，阿淑两手发抖拉紧了一块丝巾，听老妈在她头上不住地搬弄那几朵绒花。

随着花露水香味进屋子来的，是锡娇和丽丽，六姨的两个女儿，她们的装扮已经招了许多羡慕的眼光。有电影明星细眉的锡娇抓把瓜子嗑着，猩红的嘴唇里露出雪白的牙齿。她暗中扯了她妹妹的衣襟，嘴向一个客人的侧面努了一下。丽丽立刻笑红了脸，拿出一条丝绸手绢蒙住嘴挤出人堆到廊上走，望着已经在席上的男客们。有几个已经提起筷子高高兴兴地在选择肥美的鸡肉，一面讲着笑话，顿时都为着丽丽的笑声，转过脸来，镇住眼看她。丽丽扭一下腰，又摆了一下，软的长衫轻轻展开，露出裹着肉色丝袜的长腿走过另一边去。

年轻的茶房穿着蓝布大褂，肩搭一块桌布，由厨房里出来，两只手拿四碟冷荤，几乎撞住丽丽。闻到花露香味，茶房忘却顾忌地斜过眼看。昨晚他上菜的时候，那唱戏的云娟坐在首席曾对着他笑，两只水钻耳坠，打秋千似的左右晃。他最忘不了云娟旁座的张四爷，抓住她如玉的手臂劝干杯的情形。笑眯眯的带醉的眼，云娟明明是向着正端着大碗三鲜汤的他笑。他记得放平了大碗，心还怦怦地跳。直到晚上他睡不着，躺在院里板凳上乘凉，随口唱几声"孤王……酒醉……"才算松动了些。今天又是这么一个笑嘻嘻的小姐，穿着这一身软，茶房垂下头去拿酒壶，心底似乎恨谁似的一股气。

"逸九，你喝一杯什么？"老卢做东这样问。

"我来一杯香桃冰淇淋吧。"

"你去拣几块好点心，老孟。"主人又招呼那一个客。

午饭问题算是如此解决了。为着天热,又为着起得太晚,老卢看到点心铺前面挂的"卫生冰淇凌,咖啡,牛乳,各样点心"这种动人的招牌,便决意里面去消磨时光。约到逸九和老孟来聊天,老卢显然很满意了。

三个人之中,逸九最年少,最摩登。在中学时代就是一口英文,屋子里挂着不是"梨娜"就是"琴妮"的相片,从电影杂志里细心剪下来的,圆一张,方一张,满壁动人的娇憨——他到上海去了两年,跳舞更是出色了,老卢端详着自己的脚,打算找逸九带他到舞场拜老师去。

"哪个电影好,今天下午?"老孟抓一张报纸看。

邻座上两个情人模样男女,对面坐着呆看。男人有很温和的脸,抽着烟没有说话;女人的侧相则颇有动人的轮廓,睫毛长长的活动着,脸上时时浮微笑。她的青纱长衫罩着丰润的肩臂,带着神秘性的淡雅。两人无声地吃着冰淇凌,似乎对于一切完全的满足。

老卢、老孟谈着时局,老卢既是机关人员,时常免不了说"我又有个特别的消息,这样看来里面还有原因",于是一层一层地做更详细原因的检讨,深深地浸入政治波澜里面。

逸九看着女人的睫毛,和浮起的笑涡,想到好几年前同在假山后捉迷藏的琼两条发辫，一个垂前，一个垂后地跳跃。琼已经死了这六七年，谁也没有再提起过她。今天这青长衫的女人，单单叫他心底涌起琼的影子。不可思议的，淡淡的，记忆描着活泼的琼。在极旧式的家庭里淘气，二舅舅提根旱烟管，厉声地出来停止她各种的嬉戏。但是琼只是敛住声音低低地笑。雨下大了，院中满是水，又是琼胆子大，把裤腿卷过膝盖，赤着脚，到水里装摸鱼。不小心她滑倒了，还是逸九去把她抱回来。和琼差不多大小的还有阿淑，住在对门，他们时常在一起玩，逸九忽然记起瘦小，不爱说话的阿淑来。

"听说阿淑快要结婚了，嬷嘱咐到表姨家问候，不知道阿淑要嫁给谁！"他似乎怕到表姨家。这几年的生疏叫他为难，前年他们遇见一次，装束不入时的阿淑倒有种特有的美，一种灵性……奇怪今天这青长衫女人为什么叫他想起这许多……

"逸九，你有相当的聪明，手腕，你又能巴结女人，你也应该来试试，我介绍你见老王。"

倦了的逸九忽然感到苦闷。

老卢手弹着桌边表示不高兴："老孟你少说话，逸九这位大少爷说不定他倒愿意去演电影呢！"种种都有一点落伍的老卢嘲笑着翩翩年少的朋友出气。

青纱长衫的女人和她朋友吃完了，站了起来。男的手托着女人的臂腕，无声地绕过他们三人的茶桌前面，走出门去。老卢逸九注意到女人有秀美的腿，稳健的步履。两人的融洽，在不言不语中流露出来。

"他们是甜心！"

"愿有情人都成眷属。"

"这女人算好看不？"

三个人同时说出口来，各各有所感触。

午后的热，由窗口外嘘进来，三个朋友吃下许多清凉的东西，更不知做什么好。

"电影院去，咱们去研究一回什么'人生问题''社会问题'吧？"逸九望着桌上的空杯，催促着卢、孟两个走。心里仍然浮着琼的影子。活泼、美丽、健硕，全幻灭在死的幕后，时间一样的向前，计量着死的实在。像今天这样，偶尔的回忆就算是证实琼有过活泼生命的唯一的证据。

东安市场门口洋车像放大的蚂蚁一串，头尾衔接着放在街沿。杨三已不在他寻常停车的地方。

"区里去，好，区里去！咱们到区里说个理去！"就是这样，王康和杨三到底结束了殴打，被两个巡警弹压下来。

刘太太打着油纸伞，端正地坐在洋车上，想金裁缝太不小心了，今天这件绸衫下摆仍然不合适，领也太小，紧得透不了气，想不到今天这样热，早知道还不如穿纱的去。裁缝赶做的活总要出点毛病。实甫现在脾气更坏一点，老嫌女人们麻烦。每次有个应酬你总要听他说一顿的。今天张老太太做整寿，又不比得寻常的场面可以随便……

对面来了浅蓝色衣服的年轻小姐，极时髦的装束使刘太太睁大了眼注意了。

"刘太太哪里去？"蓝衣小姐笑了笑，远远招呼她一声过去了。

"人家的衣服怎么如此合适！"刘太太不耐烦地举着花纸伞。

"呜呜——呜呜……"汽车的喇叭响得震耳。

"打住。"洋车夫紧抓车把，缩住车身前冲的趋势。汽车过去后，由刘太太车旁走出一个巡警，带着两个粗人：一根白绳由一个的臂膀系到另一个的臂上。巡警执着绳端，板着脸走着。一个粗人显然是车夫；手里仍然拉着空车，嘴里咕噜着。很讲究的车身，各件白铜都擦得放亮，后面铜牌上还镌着"卢"字。这又是谁家的车夫，闹出事让巡警拉走。刘太太恨恨地一想车夫们爱肇事的可恶,反正他们到区里去少不了东家设法把他们保出来的……

"靠里!……靠里!"威风的刘家车夫是不耐烦挤在别人车后的——老爷是局长,太太此刻出去阔绰的应酬,洋车又是新打的,两盏灯发出银光……哗啦一下,靠手板在另一个车边擦一下,车已猛冲到前头走了。刘太太的花油纸伞在日光中摇摇荡荡地迎着风,顺着街心溜向北去。

胡同口酸梅汤摊边刚走开了三个挑夫。酸凉的一杯水,短时间地给他们愉快,六只泥泞的脚仍然踏着滚烫的马路行去。卖酸梅汤的老头儿手里正数着几十枚铜元,一把小鸡毛帚夹在腋下。他翻上两颗黯淡的眼珠,看看过去的花纸伞,知道这是到张家去的客人。他想今天为着张家做寿,客人多,他们的车夫少不得来摊上喝点凉的解渴。

"两吊……三吊!……"他动着他的手指,把一叠铜元收入摊边美人牌香烟的纸盒中。不知道今天这冰够不够使用的,他翻开几重荷叶,和一块灰黑色的破布,仍然用着他黯淡的眼珠向磁缸里的冰块端详了一回。"天不热,喝的人少,天热了,冰又化得太快!"事情哪一件不有为难的地方,他叹口气再翻眼看看过去的汽车。汽车轧起一阵尘土,笼罩着老人和他的摊子。

寒暑表中的水银从早起上升，一直过了九十五度的黑线上。喜棚底下比较荫凉的一片地面上曾聚过各种各色的人物。丁大夫也是其间一个。

丁大夫是张老太太内侄孙，德国学医刚回来不久，麻利，漂亮，现在社会上已经有了声望，和他同席的都借着他是医生的缘故，拿北平市卫生问题做谈料，什么鼠疫，伤寒，预防针，微菌，全在吞咽八宝东瓜，瓦块鱼，锅贴鸡，炒虾仁中间讨论过。

"贵医院有预防针，是好极了。我们过几天要来麻烦请教了。"说话的以为如果微菌听到他有打预防针的决心也皆气馁了。

"欢迎，欢迎。"

厨房送上一碗凉菜。丁大夫踌躇之后决意放弃吃这碗菜的权利。

小孩们都抢了盘子边上放的小冰块，含到嘴里嚼着玩，其他客喜欢这凉菜的也就不少。天实在热！

张家几位少奶奶装扮得非常得体，头上都戴朵红花，表示对旧礼教习尚仍然相当遵守的，在院子中盘旋着做主人，各人心里都明白自己今天的体面。好几个星期前就顾虑到的今天,她们所理想到的今天各种成功,已然顺序地,在眼前实现。虽然为着这重要的今天,各人都轮流着觉得受过委屈;生过气;用过心思和手腕;将就过许多不如意的细节。

老太太颤巍巍地喘息着,继续维持着她的寿命。杂乱模糊的回忆在脑子里浮沉。兰兰七岁的那年……送阿旭到上海医病的那年真热……生四宝的时候在湖南,于是生育,病痛,兵乱,行旅,婚娶,没秩序,没规则地纷纷在她记忆下掀动。

"我给老太太拜寿,您给回一声吧。"

这又是谁的声音?这样大!老太太睁开打瞌睡的眼,看一个浓装的妇人对她鞠躬问好。刘太太,——谁又是刘太太,真是的!今天客人太多了,好吃劲。老太太扶着赵妈站起来还礼。

"别客气了,外边坐吧。"二少奶伴着客人出去。

谁又是这刘太太……谁?……老太太模模糊糊地又做了一些猜想,望着门槛又堕入各种的回忆里去。

坐在门槛上的小丫头寿儿,看着院里石榴花出神。她巴不得酒席可以快点开完,底下人们可以吃中饭,她肚子里实在饿得慌。一早眼睛所接触的,大部分几乎全是可口的食品，但是她仍然是饿着肚子，坐在老太太门槛上等候呼唤。她极想再到前院去看看热闹，但为想到上次被打的情形，只得竭力忍耐。在饥饿中，有一桩事她仍然没有忘掉她的高兴。因为老太太的整寿大少奶给她一副银镯。虽然为着捶背而酸乏的手臂懒得转动，她仍不时得意地举起手来，晃摇着她的新镯子。

午后的太阳斜到东廊上，后院子暂时沉睡在静寂中。幼兰在书房里和羽哭着闹脾气：

"你们都欺侮我，上次赛球我就没有去看。为什么要去？反正人家也不欢迎我……慧石不肯说，可是我知道你和阿玲在一起玩得上劲。"抽噎的声音微微地由廊上传来。

"等会客人进来了不好看……别哭……你听我说……绝对没有这么回事的。咱们是亲表谁不知道我们亲热，你是我的兰，永远，永远的是我的最爱最爱的……你信我……"

"你在哄骗我，我……我永远不会再信你的了……""你又来伤我，你心狠……"

声音微下去，也和缓了许多，又过了一些时候，才有轻轻的笑语声。小丫头仍然饿得慌，仍然坐在门槛上没有敢动，她听着小外孙小姐和羽孙少爷老是吵嘴，哭哭啼啼的，她不懂。一会儿他们又笑着一块儿由书房里出来。

"我到婆婆的里间洗个脸去。寿儿你给我打盆洗脸水去。"

寿儿得着打水的命令，高兴地站起来。什么事也比坐着等老太太睡醒都好一点。

"别忘了晚饭等我一桌吃。"羽说完大步地跑出去。

后院顿时又堕入闷热的静寂里；柳条的影子画上粉墙，太阳的红比得胭脂。墙外天蓝蓝的没有一片云，像戏台上的布景。隐隐地送来小贩子叫卖的声音——卖西瓜的——卖凉席的，一阵一阵。

挑夫提起力气喊他孩子找他媳妇。天快要黑下来，媳妇还坐在门口纳鞋底子；赶着那一点天亮再做完一只。一个月她当家的要穿两双鞋子，有时还不够的，方才当家的回家来说不舒服，睡倒在炕上，这半天也没有醒。她放下鞋底又走到旁边一家小铺里买点生姜，说几句话儿。

断续着呻吟，挑夫开始感到苦痛，不该喝那冰凉东西，早知道这大暑天，还不如喝口热茶！迷惘中他看到茶碗，茶缸，施茶的人家，碗，碟，果子杂乱地绕着大圆篓，他又像看到张家的厨房。不到一刻他肚子里像纠麻绳一般痛，发狂的呕吐使他沉入严重的症候里和死搏斗。

挑夫媳妇失了主意，喊孩子出去到药铺求点药。那边时常夏天是施暑药的……

邻居积渐知道挑夫家里出了事,看过报纸的说许是霍乱,要扎针的。张秃子认得大街东头的西医丁家,他披上小褂子,一边扣纽子,一边跑。丁大夫的门牌挂得高高的,新漆大门两扇紧闭着。张秃子找着电铃死命地按,又在门缝里张望了好一会,才有人出来开门。什么事?什么事?门房望着张秃子生气,张秃子看着丁宅的门房说,"劳驾——劳驾您大爷,我们'街坊'李挑子中了暑,托我来行点药。"

"丁大夫和管药房先生'出份子去了',没有在家,这里也没有旁人,这事谁又懂得?!"门房吞吞吐吐地说,"还是到对门益年堂打听吧。"大门已经差不多关上。

张秃子又跑了,跑到益年堂,听说一个孩子拿了暑药已经走了。张秃子是信教的,他相信外国医院的药,他又跑到那边医院里打听,等了半天,说那里不是施医院,并且也不收传染病的,医生晚上也都回家了,助手没有得上边话不能随便走开的。

"最好快报告区里,找卫生局里人。"管事的告诉他,但是卫生局又在哪里……

到张秃子失望地走回自己院子里的时候,天已经黑了下来,他听见李大嫂的哭声知道事情不行了。院里磁罐子里还放出浓馥的药味。他顿一下脚,"咱们这命苦的……"他已在想如何去捐募点钱,收殓他朋友的尸体。叫孝子挨家去磕头吧!

天黑了下来张宅跨院里更热闹,水月灯底下围着许多孩子,看变戏法的由袍子里捧出一大缸金鱼,一盘子"王母蟠桃"献到老太太面前。孩子们都凑上去验看金鱼的真假。老太太高兴地笑。

大爷熟识捧场过的名伶自动地要送戏,正院前边搭着戏台,当差的忙着拦阻外面杂人往里挤,大爷由上海回来,两年中还是第一次——这次碍着母亲整寿的面,不回来太难为情。这几天行市不稳定,工人们听说很活动,本来就不放心走开,并且厂里的老赵靠不住,大爷最记挂……

看到院里戏台上正开场,又看廊上的灯,听听厢房各处传来的牌声,风扇声,开汽水声,大爷知道一切都圆满地进行,明天事完了,他就可以走了。

"伯伯上哪儿去?"游廊对面走出一个清秀的女孩。他怔住了看,慧石——是他兄弟的女儿,已经长得这么大了?大爷伤感着,看他早死兄弟的遗腹女儿,她长得实在像她爸爸……实在像她爸爸……

"慧石,是你。长得这样俊,伯伯快认不得了。"

慧石只是笑，笑。大伯伯还会说笑话，她觉得太料想不到的事，同时她像被电击一样，触到伯伯眼里蕴住的怜爱，一股心酸抓紧了她的嗓子。

她仍只是笑。

"哪一年毕业？"大伯伯问她。"明年。"

"毕业了到伯伯那里住。"

"好极了。"

"喜欢上海不？"

她摇摇头："没有北平好。可是可以找事做，倒不错。"

伯伯走了，容易伤感的慧石急忙回到卧室里，想哭一哭，但眼睛湿了几回，也就不哭了，又在镜子前抹点粉笑了笑；她喜欢伯伯对她那和蔼态度。嬷常常不满伯伯和伯母的，常说些不高兴他们的话，但她自己却总觉得喜欢这伯伯的。

也许是骨肉关系有种不可思议的亲热，也许是因为感激知己的心，慧石知道她更喜欢她这伯伯了。

厢房里电话铃响。

"丁宅呀，找丁大夫说话？等一等。"

丁大夫的手气不坏，刚和了一牌三翻，他得意地站起来接电话：

"知道了,知道了,回头就去叫他派车到张宅来接。什么?要暑药的?发痧中暑?叫他到平济医院去吧。"

"天实在热,今天,中暑的一定不少。"五少奶坐在牌桌上抽烟,等丁大夫打电话回来。"下午两点的时候刚刚九十九度啦!"她睁大了眼表示严重。

"往年没有这么热,九十九度的天气在北平真可以的了。"一个客人摇了摇檀香扇,急着想做庄。

咯哭一声,丁大夫将电话挂上。

报馆到这时候积渐热闹,排字工人流着汗在机器房里忙着。编辑坐到公事桌上面批阅新闻。本市新闻由各区里送到;编辑略略将张宅名伶送戏一节细细看了看,想到方才同太太在市场吃冰淇凌后,遇到街上的打架,又看看那段厮打的新闻,于是很自然地写着"西四牌楼三条胡同卢宅车夫杨三……"新闻里将杨三王康的争斗形容得非常动听,一直到了"扭区成讼"。

再看一些零碎,他不禁注意到挑夫霍乱数小时毙命一节,感到白天去吃冰淇凌是件不聪明的事。

杨三在热臭的拘留所里发愁,想着主人应该得到他出事的消息了,怎么还没有设法来保他出去。王康则在又一间房子里喂臭虫，苟且地睡觉。

"……哪儿呀，我卢宅呀，请王先生说话，……"老卢为着洋车被扣已经打了好几个电话了，在晚饭桌他听着太太的埋怨……那杨三真是太没有样子，准是又喝醉了，三天两回闹事。

"……对啦，找王先生有要紧事，出去饭局了么，回头请他给卢宅来个电话！别忘了！"

这大热晚上难道闷在家里听太太埋怨？杨三又没有回来，还得出去雇车，老卢不耐烦地躺在床上看报，一手抓起一把蒲扇赶开蚊子。

原载于1934年5月《学文》第1卷第1期

第五章

生命早描定她的式样,
太薄弱
是人们的美丽的想象。

除非在梦里有这么一天,
你和我
同来攀动那根希望的弦。

你是人间的四月天——一句爱的赞颂

林徽因

我说你是人间的四月天；
笑响点亮了四面风；轻灵
在春的光艳中交舞着变。

你是四月早天里的云烟，
黄昏吹着风的软，星子在
无意中闪，细雨点洒在花前。

那轻，那娉婷，你是，鲜妍
百花的冠冕你戴着，你是
天真，庄严，你是夜夜的月圆。

雪化后那片鹅黄，你像；新鲜
初放芽的绿，你是；柔嫩喜悦
水光浮动着你梦期待中白莲。

你是一树一树的花开,是燕

在梁间呢喃,——你是爱,是暖,

是希望,你是人间的四月天!

原载1934年5月《学文》第1卷第1期

"谁爱这不息的变幻"

林徽因

谁爱这不息的变幻,她的行径?
催一阵急雨,抹一天云霞,月亮,
星光,日影,在在都是她的花样,
更不容峰峦与江海偷一刻安定。
骄傲的,她奉着那荒唐的使命:
看花放蕊树凋零,娇娃做了娘;
叫河流凝成冰雪,天地变了相;
都市喧哗,再寂成广漠的夜静!
虽说千万年在她掌握中操纵,
她不曾遗忘一丝毫发的卑微。
难怪她笑永恒是人们造的谎,
来抚慰恋爱的消失,死亡的痛。
但谁又能参透这幻化的轮回,
谁又大胆地爱过这伟大的变换?

香山,四月十二日

原载于1931年4月《诗刊》第2期

深夜里听到乐声

林徽因

这一定又是你的手指,
轻弹着,
在这深夜,稠密的悲思。

我不禁颊边泛上了红,
静听着,
这深夜里弦子的生动。

一声听从我心底穿过,
忒凄凉
我懂得,但我怎能应和?

生命早描定她的式样,
太薄弱
是人们的美丽的想象。

除非在梦里有这么一天,

你和我

同来攀动那根希望的弦。

原载于1931年9月《新月诗选》

别丢掉

林徽因

别丢掉
这一把过往的热情,
现在流水似的,
轻轻
在幽冷的山泉底,
在黑夜,在松林,
叹息似的渺茫,
你仍要保存着那真!
一样是月明,
一样是隔山灯火,
满天的星,
只使人不见,
梦似的挂起,
你问黑夜要回
那一句话——你仍得相信

山谷中留着

有那回音!

二十一年夏

原载于1936年3月15日《大公报·文艺副刊》第110期

红叶里的信念

林徽因

年年不是要看西山的红叶,
谁敢看西山红叶?不是
要听异样的鸟鸣,停在
那一个静幽的树枝头,
是脚步不能自已的走——
走,迈向理想的山坳子
寻觅从未曾寻着的梦:
一茎梦里的花,一种香,
斜阳四处挂着,风吹动,
转过白云,小小一角高楼。

钟声已在脚下,松同松
并立着等候,山野已然
百般渲染豪侈的深秋。
梦在哪里,你的一缕笑,

一句话，在云浪中寻遍，
不知落到哪一处？流水已经
渐渐的清寒，载着落叶
穿过空的石桥，白栏杆，
叫人不忍再看，红叶去年
同踏过的脚迹火一般。
好，抬头，这是高处，心卷起
随着那白云浮过苍茫，
别计算在哪里驻脚，去，
相信千里外还有霞光，
像希望，记得那烟霞颜色，
就不为编织美丽的明天，
为此刻空的歌唱，空的
凄恻，空的缠绵，也该放
多一点勇敢，不怕连牵
斑驳金银般旧积的创伤！

再看红叶每年，山重复的
流血，山林，石头的心胸
从不倚借梦支撑，夜夜

风像利刃削过大土壤，
天亮时沉默焦灼的唇，
忍耐的仍向天蓝，呼唤
瓜果风霜中完成，呈光彩，
自己山头流血，变坟台！
平静，我的脚步，慢点儿去，
别相信谁曾安排下梦来！

一路上枯枝，鸟不曾唱，
小野草香风早不是春天。
停下！停下！风同云，水同
水藻全叫住我，说梦在
背后；蝴蝶秋千理想的
山坳同这当前现实的
石头子路还缺个牵连！
愈是山中奇妍的黄月光
挂出树尖，愈得相信梦，
梦里斜晖一茎花是谎！

但心不信！空虚的骄傲

秋风中旋转,心仍叫喊
理想的爱和美,同白云
角逐;同斜阳笑吻;同树,
同花,同香,乃至同秋虫
石隙中悲鸣,要携手去;
同奔跃嬉游水面的青蛙,
盲目的再去寻盲目日子,——
要现实的热情另涂图画,
要把满山红叶采作花!

这萧萧瑟瑟不断的呜咽,
掠过耳鬓也还卷着温存,
影子在秋光中摇曳,心再
不信光影外有串疑问!
心仍不信,只因是午后,
那片竹林子阳光穿过
照暖了石头,赤红小山坡,
影子长长两条,你同我
曾经参差那亭子石路前,
浅碧波光老树干旁边!

生命中的谎再不能比这把
颜色更鲜艳！记得那一片
黄金天，珊瑚般玲珑叶子
秋风里挂，即使自己感觉
内心流血，又怎样个说话？
谁能问这美丽的后面
是什么？赌博时，眼闪亮，
从不悔那猛上孤注的力量；
都说任何苦痛去换任何一分，
一毫，一个纤微的理想！

所以脚步此刻仍在迈进，
不能自已，不能停！虽然山中
一万种颜色，一万次的变，
各种寂寞已环抱着孤影：
热的减成微温，温的又冷，
焦黄叶压踏在脚下碎裂，
残酷地散排昨天的细屑，
心却仍不问脚步为甚固执，

那寻不着的梦中路线，——
仍依恋指不出方向的一边！
西山，我发誓地，指着西山，
别忘记，今天你，我，红叶，
连成这一片血色的伤怆！
知道我的日子仅是匆促的
几天，如果明年你同红叶
再红成火焰，我却不见，……
深紫，你山头须要多添
一缕抑郁热情的象征，
记下我曾为这山中红叶，
今天流血地存一堆信念！

原载于1937年1月《新诗》第4期

哭三弟恒

——三十年空战阵亡

林徽因

弟弟,我没有适合时代的语言
来哀悼你的死;
它是时代向你的要求,
简单的,你给了。
这冷酷简单的壮烈是时代的诗
这沉默的光荣是你。

假使在这不可免的真实上
多给了悲哀,我想呼喊,
那是——你自己也明了——
因为你走得太早,
太早了,弟弟,难为你的勇敢,
机械的落伍,你的机会太惨!

三年了,你阵亡在成都上空,
这三年的时间所做成的不同,
如果我向你说来,你别悲伤,
因为多半不是我们老国,
而是他人在时代中辗动,
我们灵魂流血,炸成了窟窿。

我们已有了盟友、物资同军火,
正是你所曾经希望过。
我记得,记得当时我怎样同你
讨论又讨论,点算又点算,
每一天你是那样耐性的等着,
每天却空的过去,慢得像骆驼!

现在驱逐机已非当日你最理想
驾驶的"老鹰式七五"那样——
那样笨,那样慢,啊,弟弟不要伤心,
你已做到你们所能做的,
别说是谁误了你,是时代无法衡量,
中国还要上前,黑夜在等天亮。

弟弟，我已用这许多不美丽言语

算是诗来追悼你，

要相信我的心多苦，喉咙多哑，

你永不会回来了，我知道，

青年的热血做了科学的代替；

中国的悲怆永沉在我的心底。

啊，你别难过，难过了我给不出安慰。

我曾每日那样想过了几回：

你已给了你所有的，同你去的弟兄

也是一样，献出你们的生命！

已有的年轻一切；将来还有的机会，

可能的壮年工作，老年的智慧；

可能的情爱，家庭，儿女，及那所有

生的权利，喜悦；及生的纷纠！

你们给的真多，都为了谁？你相信

今后中国多少人的幸福要在

你的前头，比自己要紧；那不朽

中国的历史，还需要在世上永久。

你相信,你也做了,最后一切你交出。
我既完全明白,为何我还为着你哭?
只因你是个孩子却没有留什么给自己,
小时我盼着你的幸福,战时你的安全,
今天你没有儿女牵挂需要抚恤同安慰,
而万千国人像已忘掉,你死是为了谁!

三十三年,李庄

原载于1948年5月《文学杂志》第2卷第12期

那一晚

林徽因

那一晚我的船推出了河心,澄蓝的天上托着密密的星。

那一晚你的手牵着我的手,迷惘的星夜封锁起重愁。

那一晚你和我分定了方向,两人各认取个生活的模样。

到如今我的船仍然在海面飘,细弱的桅杆常在风涛里摇。

到如今太阳只在我背后徘徊,层层的阴影留守在我周围。

到如今我还记着那一晚的天,星光、眼泪、白茫茫的江边!

到如今我还想念你岸上的耕种:红花儿黄花儿朵朵的生动。

那一天我希望要走到了顶层，蜜一般酿出那记忆的滋润。

那一天我要挎上带羽翼的箭，望着你花园里射一个满弦。

那一天你要听到鸟般的歌唱，那便是我静候着你的赞赏。

那一天你要看到零乱的花影，那便是我私闯入当年的边境！

原载于1931年4月《诗刊》第2期

仍 然

林徽因

你舒伸得像一湖水向着晴空里白云,
又像是一流冷涧,澄清许我循着林岸穷究你的泉源:
我却仍然怀抱着百般的疑心
对你的每一个映影!
你展开像个千瓣的花朵!
鲜妍是你的每一瓣,更有芳沁,
那温存袭人的花气,伴着晚凉:
我说花儿,这正是春的捉弄人,来偷取人们的痴情!
你又学叶叶的书篇随风吹展,揭示你的每一个深思;
每一角心境,你的眼睛望着我,不断的在说话:
我却仍然没有回答,一片的沉静
永远守住我的魂灵。

原载于1931年4月《诗刊》第2期

深 笑

林徽因

是谁笑得那样甜,那样深,
那样圆转?一串一串明珠
大小闪着光亮,迸出天真!
清泉底浮动,泛流到水面上,
灿烂,
分散!

是谁笑得好花儿开了一朵?
那样轻盈,不惊起谁。
细香无意中,随着风过,
拂在短墙,丝丝在斜阳前
挂着
留恋。

是谁笑成这百层塔高耸,

让不知名鸟雀来盘旋？是谁

笑成这万千个风铃的转动，

从每一层琉璃的檐边

摇上

云天？

原载于1936年1月5日《大公报·文艺副刊》第27期

秋天,这秋天

林徽因

这是秋天,秋天,风还该是温软;

太阳仍笑着那微笑,闪着金银,

夸耀他实在无多了的最奢侈的早晚!

这里那里,在这秋天,斑彩错置到各处山野,

和枝叶中间,像醉了的蝴蝶,

或是珊瑚珠翠,华贵的失散,缤纷降落到地面上。

这时候心得像歌曲,

由山泉的水光里闪动,浮着珠沫,溅开山石的喉

嗓唱。

这时候满腔的热情全是你的,秋天懂得,

秋天懂得那狂放,——秋天爱的是那不经意

不经意的零乱!

但是秋天,这秋天,

他撑着梦一般的喜筵,不为的是你的欢欣:

他撒开手,一掬璎珞,一把落花似的幻变,

还为的是那不定的悲哀,归根儿蒂结住在这人生的中心!

一阵萧萧的风,起自昨夜西窗的外沿,摇着梧桐树哭。

——起始你怀疑着:

荷叶还没有残败;

小划子停在水流中间;

夏夜的细语,夹着虫鸣,还信得过仍然偎着耳朵旁温甜;

但是梧桐叶带来桂花香,已打到灯盏的光前。

一切都两样了,他闪一闪说,只要一夜的风,一夜的幻变。

冷雾迷住我的两眼,在这样的深秋里,你又同谁争?

现实的背面是不是现实,荒诞的,果属不可信的虚妄?

疑问抵不住简单的残酷,再别要悯惜流血的哀惶,趁一次里,要认清造物更是摧毁的工匠。

信仰只一细炷香,

那点子亮再经不起西风沙沙的隔着梧桐树吹!

如果你忘不掉，忘不掉那同听过的鸟啼；

同看过的花好，信仰该在过往的中间安睡。

……秋天的骄傲是果实，不是萌芽，

——生命不容你不献出你积累的馨芳；

交出受过光热的每一层颜色；点点沥尽你最难堪的酸怆。

这时候，

切不用哭泣；或是呼唤；更用不着闭上眼祈祷；

（向着将来的将来空等盼）；

只要低低的，在静里，低下去已困倦的头来承受，

——承受这叶落了的秋天，

听风扯紧了弦索自歌挽：

这秋，这夜，这惨的变换！

二十二年十一月中旬

原载于1933年11月18日《大公报·文艺副刊》第17期